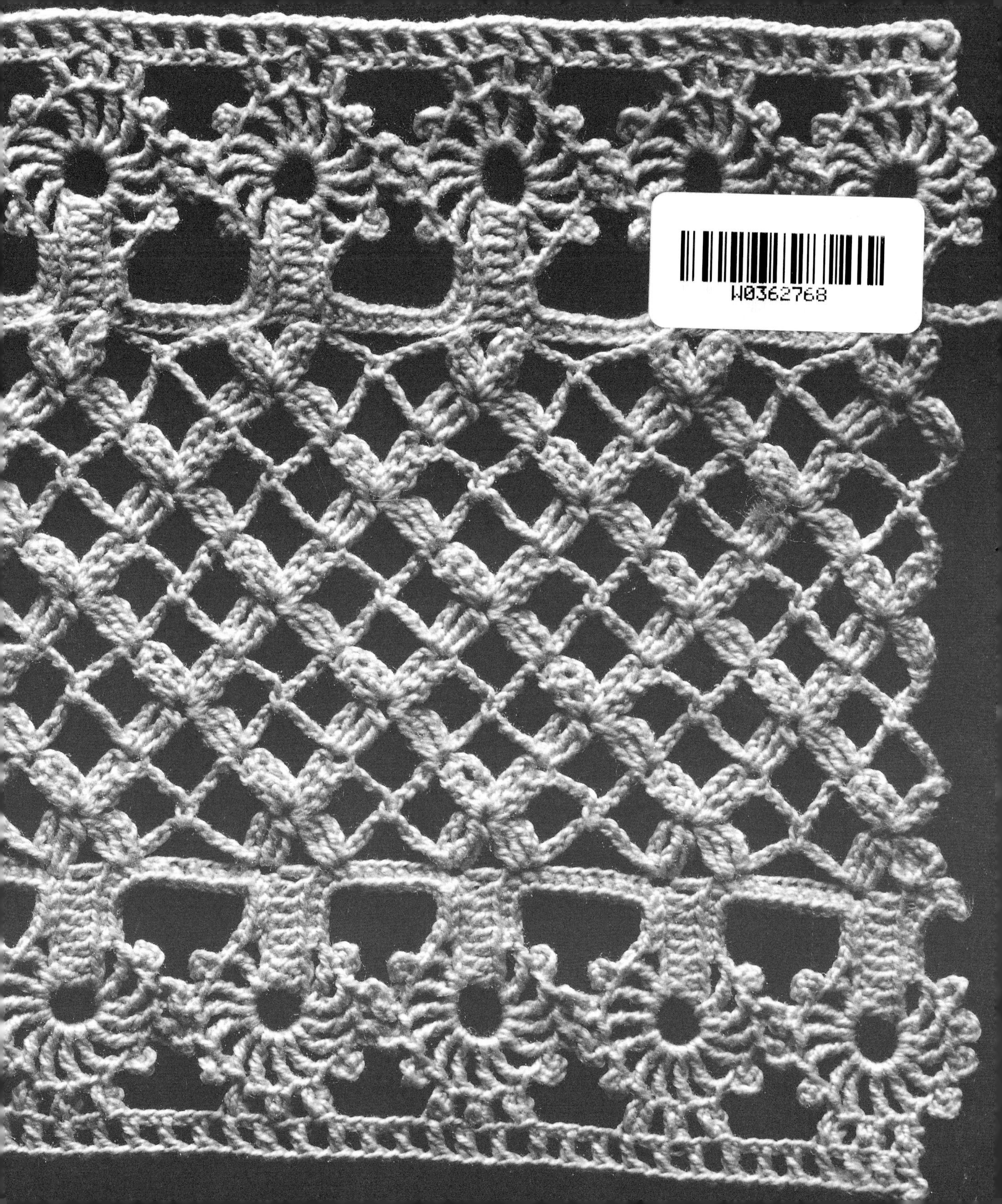

Birsak/Michl

Freude an alten Häkelspitzen

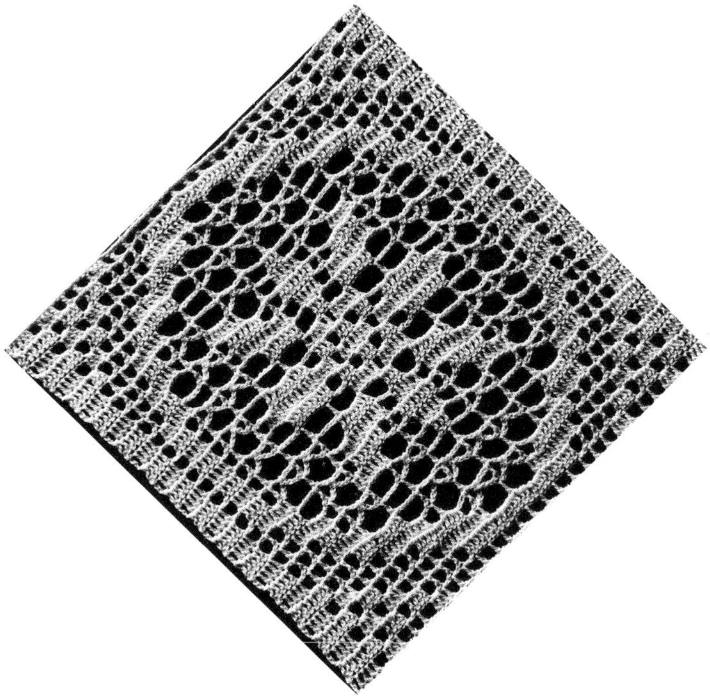

rosenheimer raritäten

Hannelore Birsak / Uta Michl

Freude an alten Häkelspitzen

rosenheimer

Vorwort

Häkeln ist ein unerschöpfliches Thema. Nach unseren »Häkelspitzen aus dem alten Österreich« und den »Gehäkelten Kostbarkeiten«, beide erschienen im Rosenheimer Verlagshaus, haben wir unsere Sammeltätigkeit fortgesetzt. Außerdem schickten uns so viele interessierte Häklerinnen, was sich in den alten Schränken und Handarbeitsmappen ihrer Großmütter fand, daß wir für dieses Buch die Qual der Wahl hatten.

Wir bedanken uns ganz herzlich beim Heimatmuseum Großschweinbarth (Niederösterreich), bei Frau Erna Karner (Oberwölz/Steiermark), Frau Gertrud Prohaska (Scharnstein/Oberösterreich) und bei Frau Annemarie Zechner (Wien) für das zur Verfügung gestellte Material.

Viel Freude an den schönen Spitzen und ein gutes Gelingen wünschen

Hannelore Birsak und Uta Michl

Zeichenerklärung

° *Luftmasche*

▮ *Feste Masche*

| *Halbes Stäbchen:* Einmal umschlagen, einstechen, durchziehen und alle Schlingen auf einmal abmaschen.

† *Stäbchen:* Einmal umschlagen, durchziehen und paarweise abmaschen.

‡ *Doppeltes Stäbchen:* Zweimal umschlagen, durchziehen und paarweise abmaschen.

Dreifaches und mehrfache Stäbchen: Die Anzahl der Querstriche gibt die Anzahl der Umschläge an. Es wird immer paarweise abgemascht.

Zusammen abmaschen: Mit verschiedenen Einstichstellen. Das letzte Schlingenpaar jedes Stäbchens bleibt auf der Häkelnadel. Zum Schluß Faden durch die verbliebenen Umschläge ziehen.

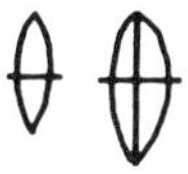

Zusammen abmaschen: 2 bzw. 3 Stäbchen oder Doppelstäbchen kommen in eine Einstichstelle und werden gemeinsam abgemascht.

Kettmasche

Pikot: Wenn im Text nicht anders beschrieben, 5 Luftmaschen, 1 feste Masche in die erste der fünf.

Anschlingen: Die Nadel aus der Masche ziehen, durch die angegebene Masche stechen und die erste Masche durchziehen.

Wendemasche: Alle in schwarzem Ton markierten Maschen zeigen an, wann die Arbeit gewendet werden muß.

Pfeile geben die Arbeitsrichtung an.

Bezeichnung des Arbeitsbeginnes und der Neuanfänge.

Wie zum Doppelstäbchen umschlagen und einstechen, zweimal abmaschen, einmal umschlagen und einstechen, einmal abmaschen, zweimal umschlagen, zweimal paarweise abmaschen, dann alle restlichen Umschläge auf der Nadel auf einmal abmaschen.

Kreuzstäbchen: Zweimal umschlagen, durch die erste Masche der Vorreihe durchziehen, zweimal paarweise abmaschen, einmal umschlagen, durch die dritte Masche der Vorreihe durchziehen, paarweise abmaschen, 1 Luftmasche, umschlagen, in den Kreuzungspunkt der drei bisher entstandenen Stäbchen einstechen, durchziehen und paarweise abmaschen.

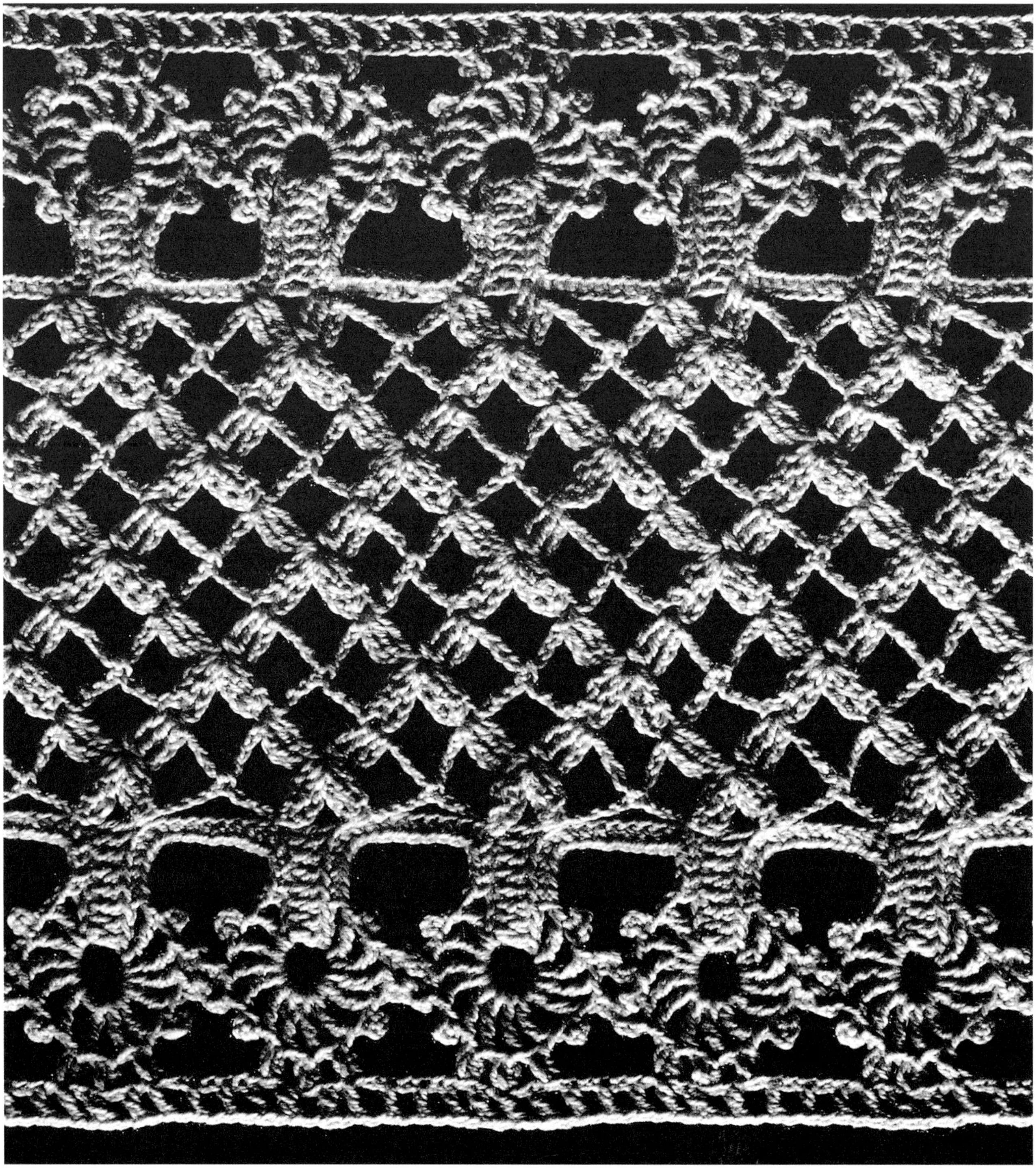

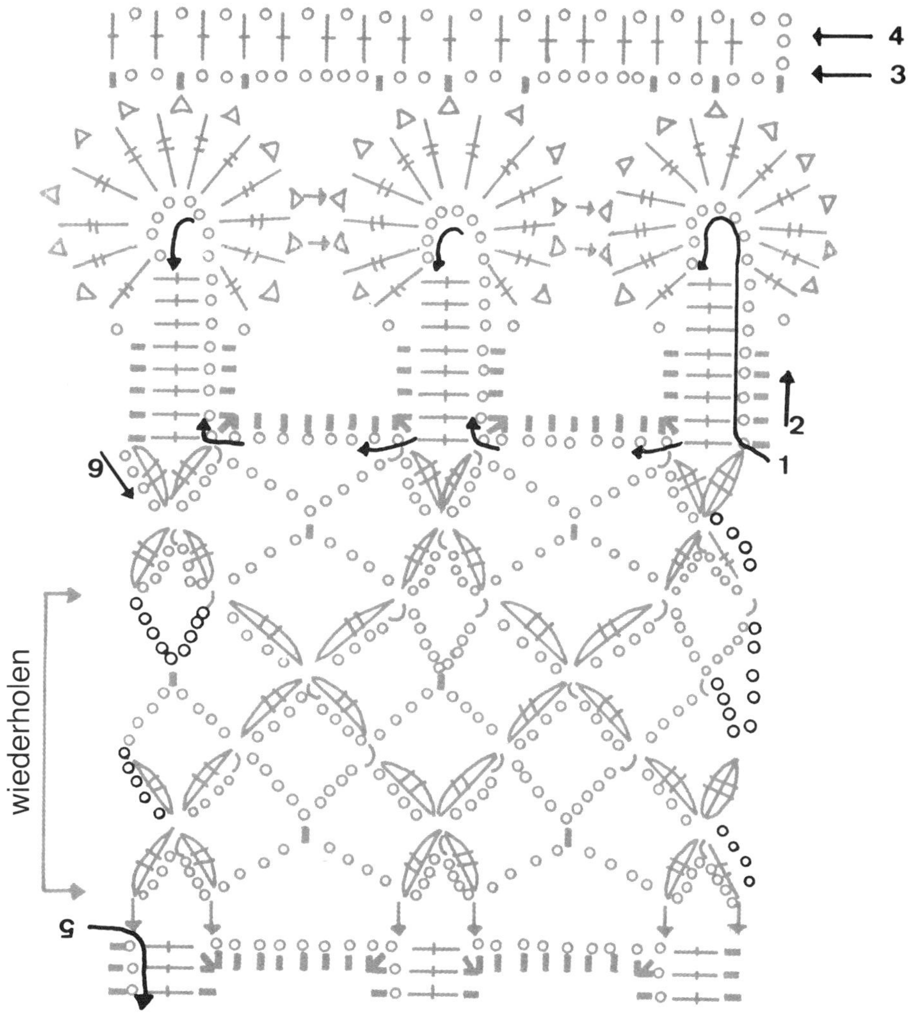

5 Luftmaschen, 1 Kettmasche in die erste der fünf.

Beim Anschlingen des zweiten Randes darauf achten, daß alle Teile auf der richtigen Seite erscheinen!

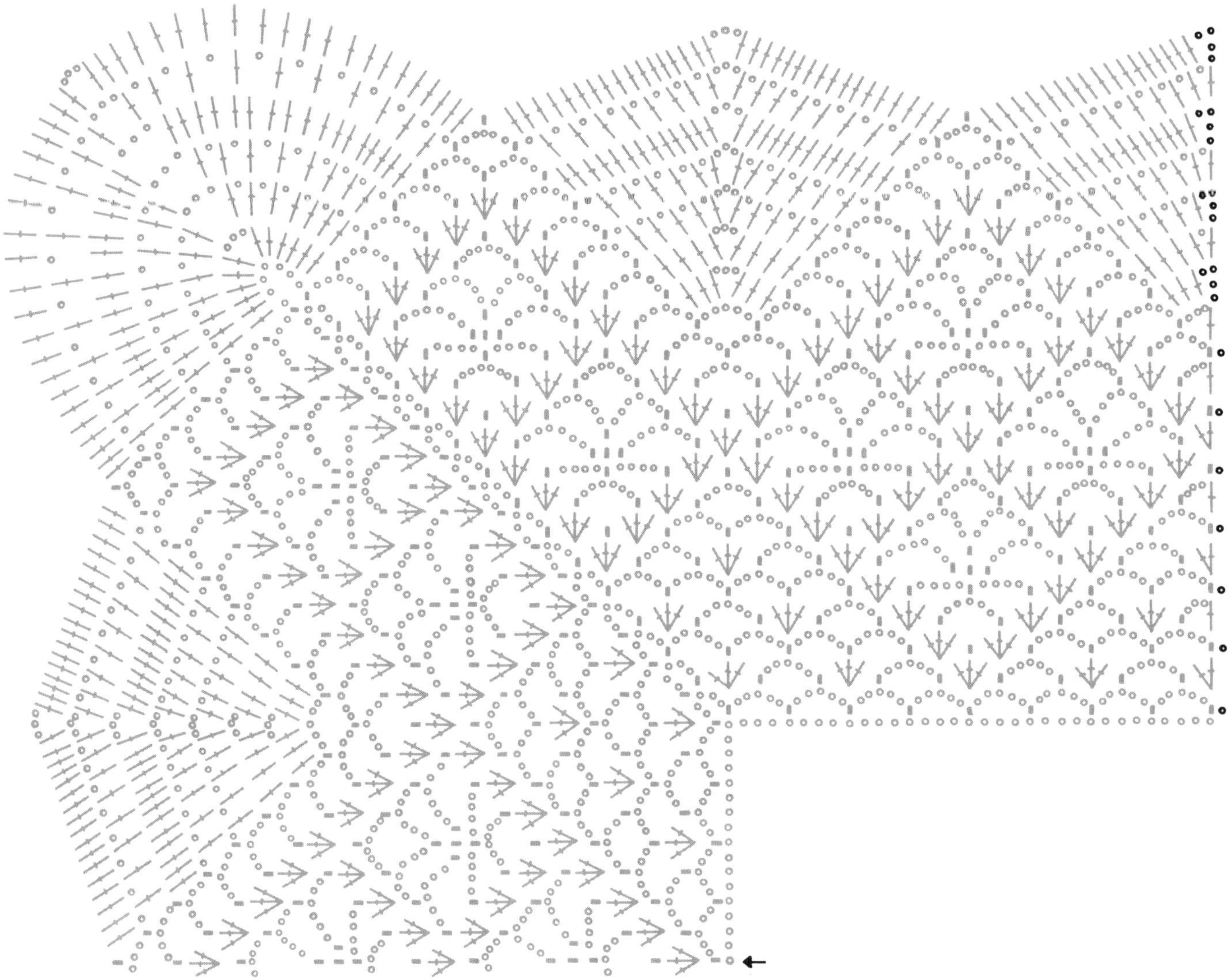

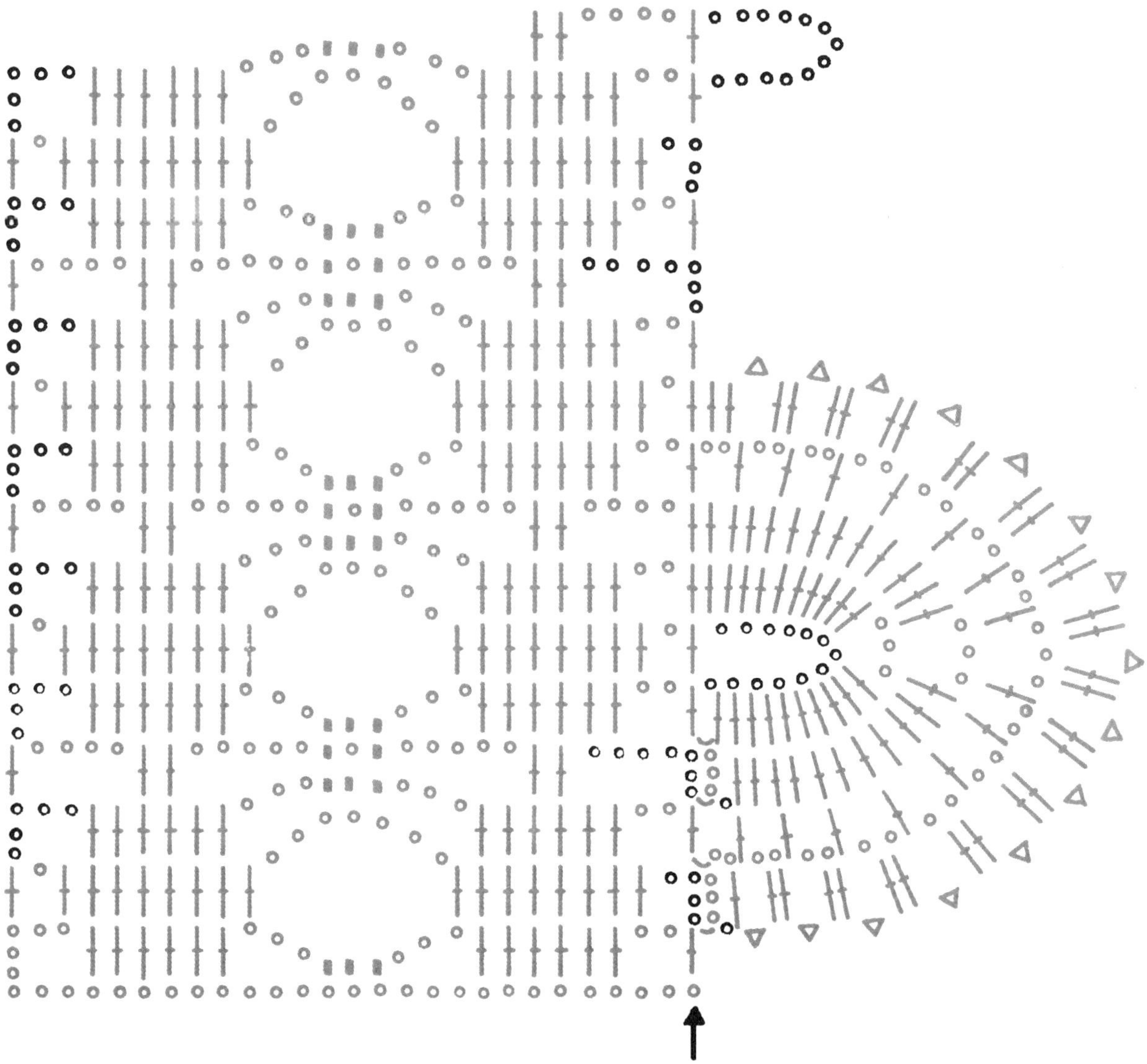

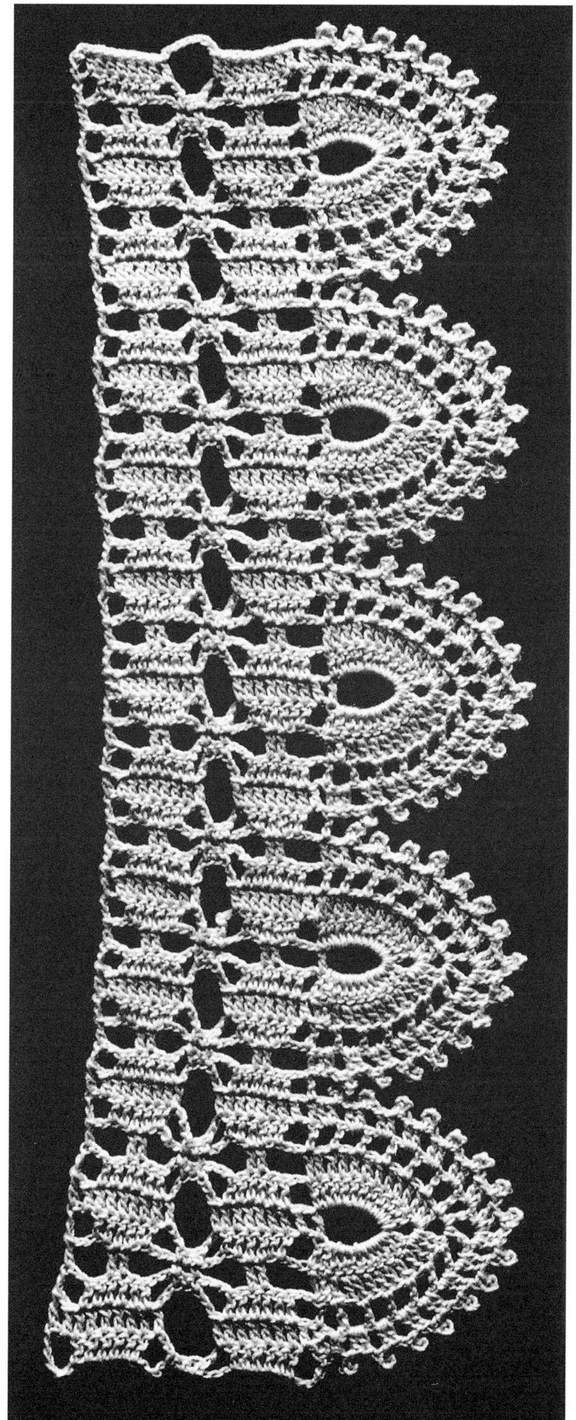

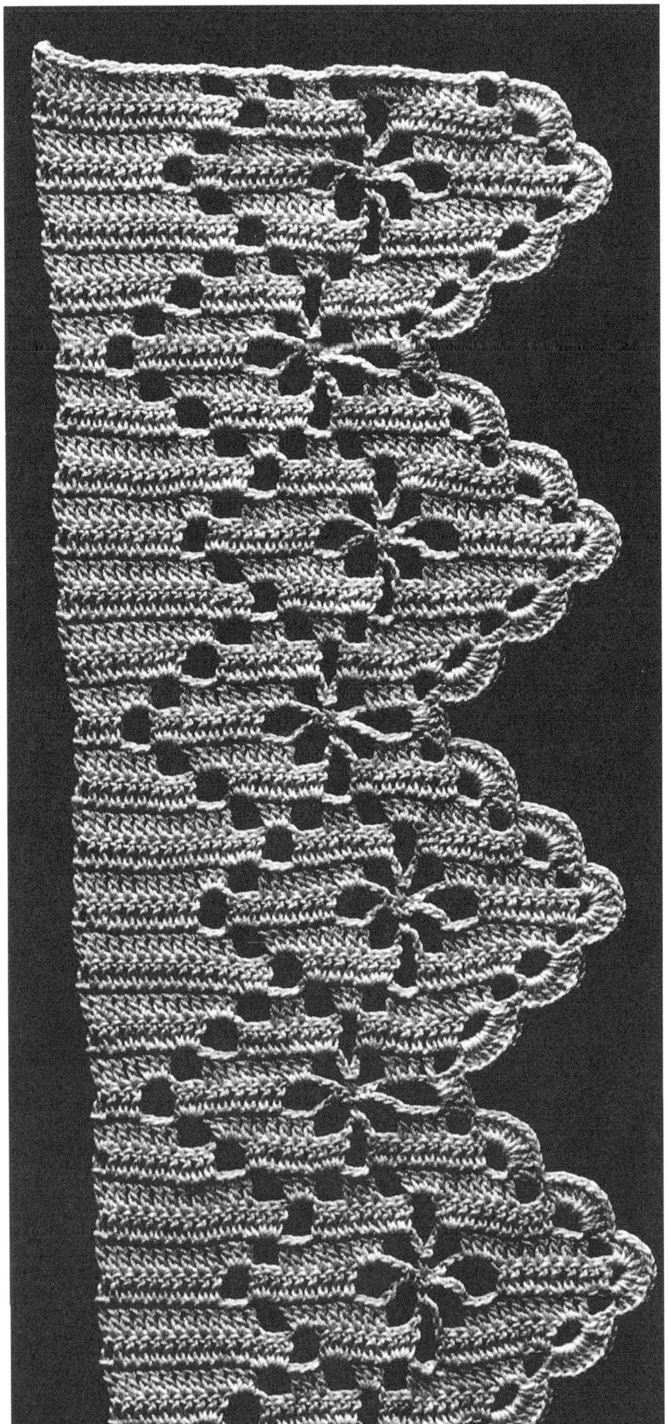

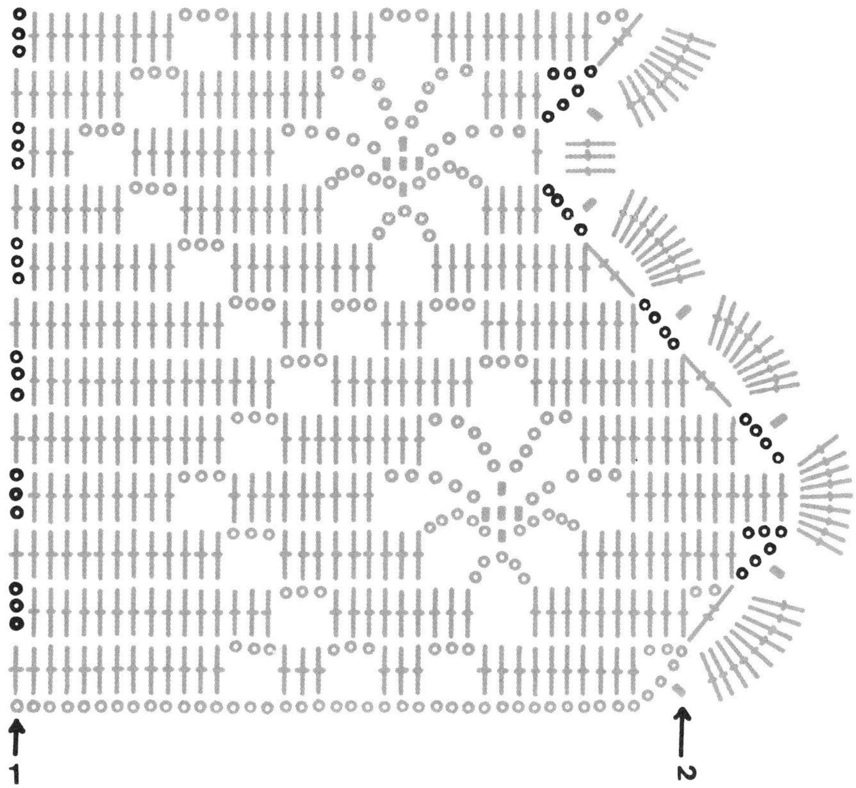
1
2

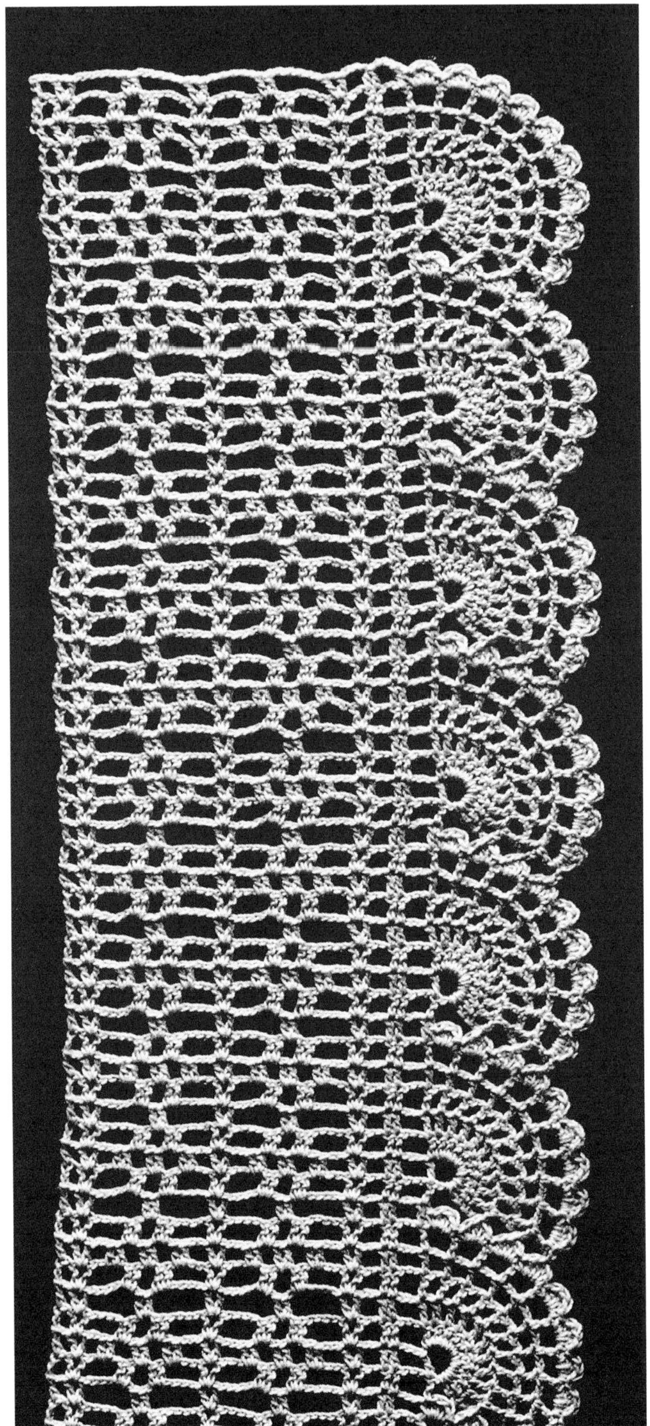

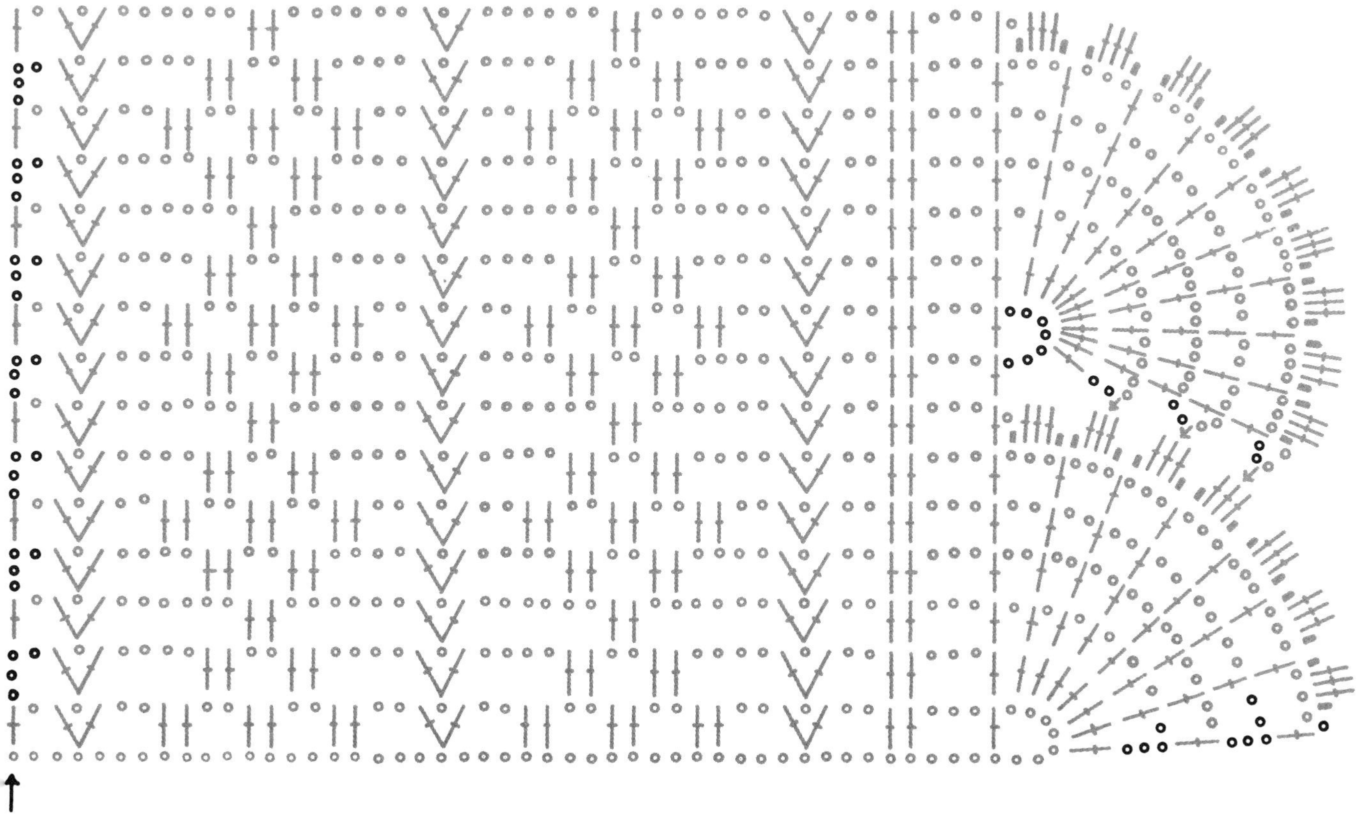

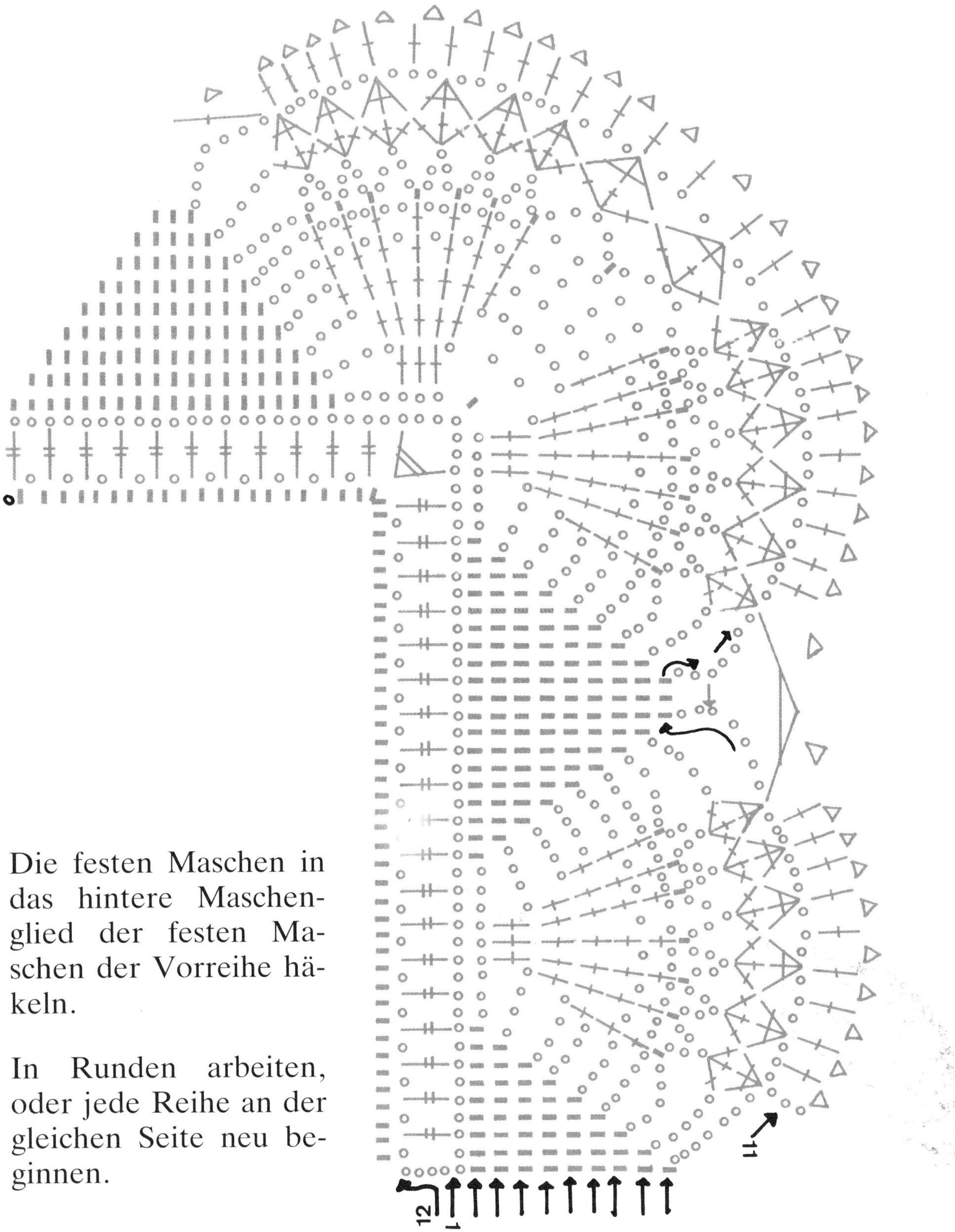

Die festen Maschen in das hintere Maschenglied der festen Maschen der Vorreihe häkeln.

In Runden arbeiten, oder jede Reihe an der gleichen Seite neu beginnen.

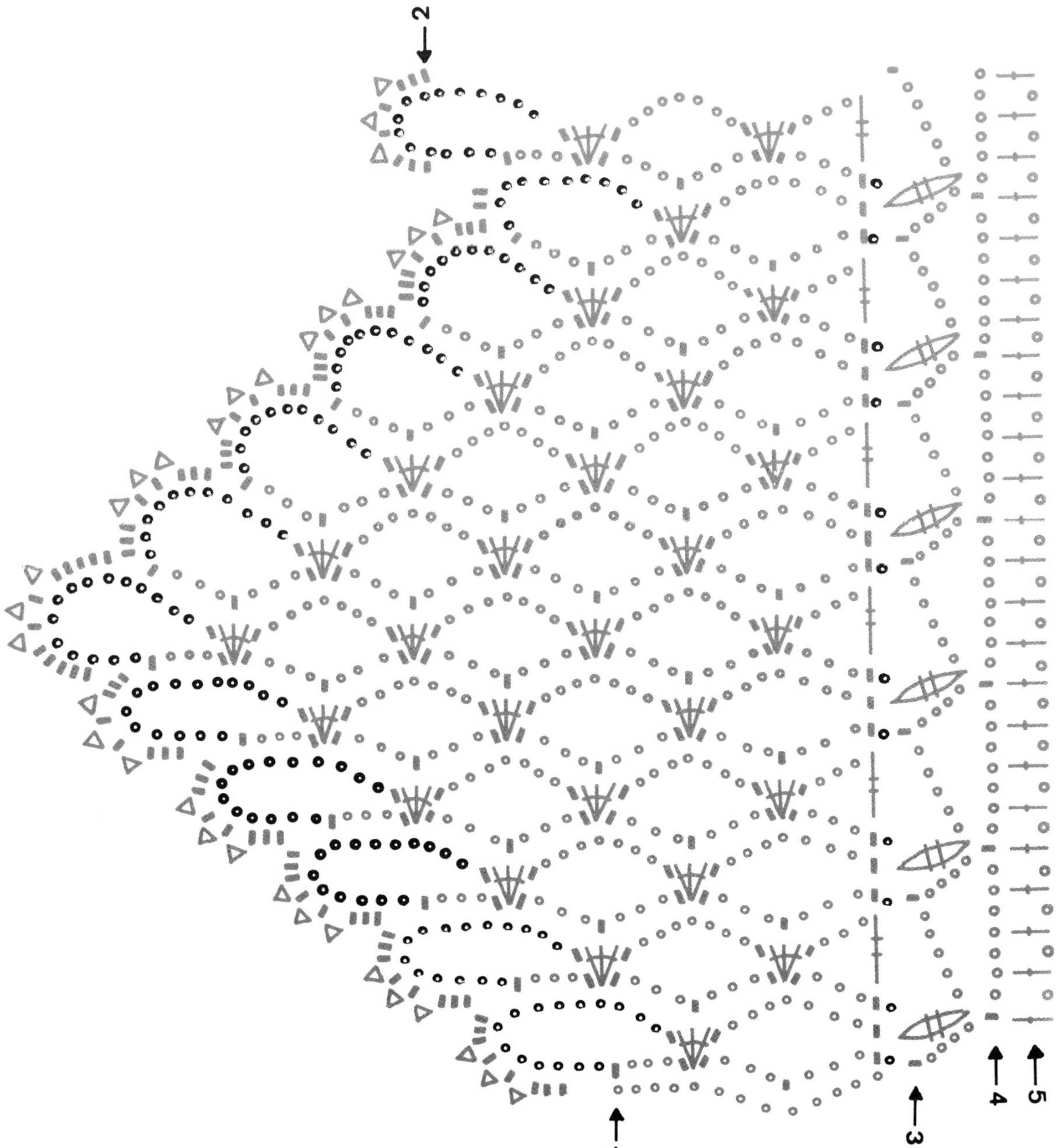
1
2
3
4
5

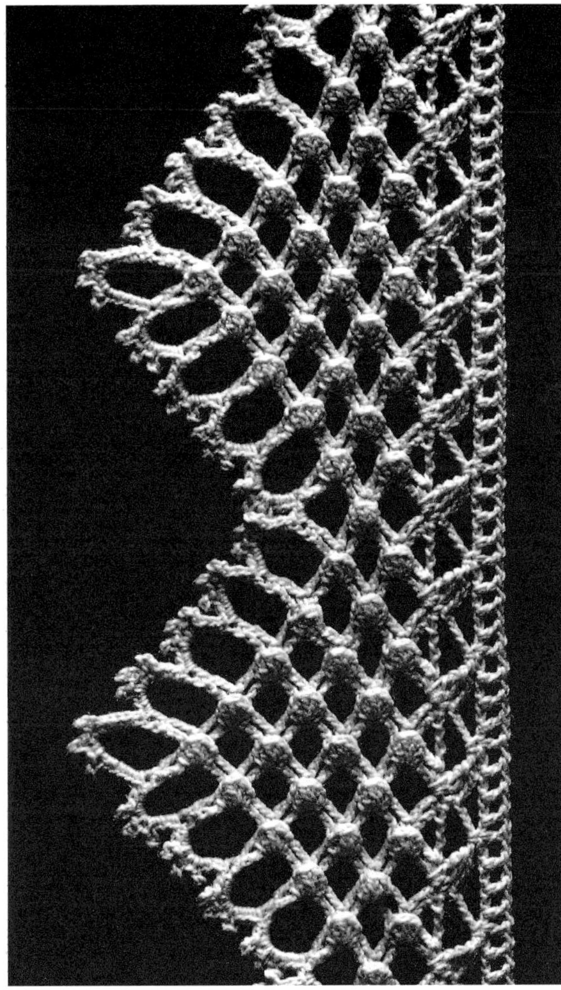

 In die darunterliegende Luftmasche häkelt man 1 feste Masche, 3 Stäbchen, 1 feste Masche.

Die Noppe entsteht, indem man je 1 feste Masche in der folgenden Reihe in die feste Masche der darunterliegenden Reihe häkelt und dabei die 3 Stäbchen übergeht.

In der nächsten Reihe häkelt man die feste Masche zwischen die beiden festen Maschen der Vorreihe hinter der Noppe.

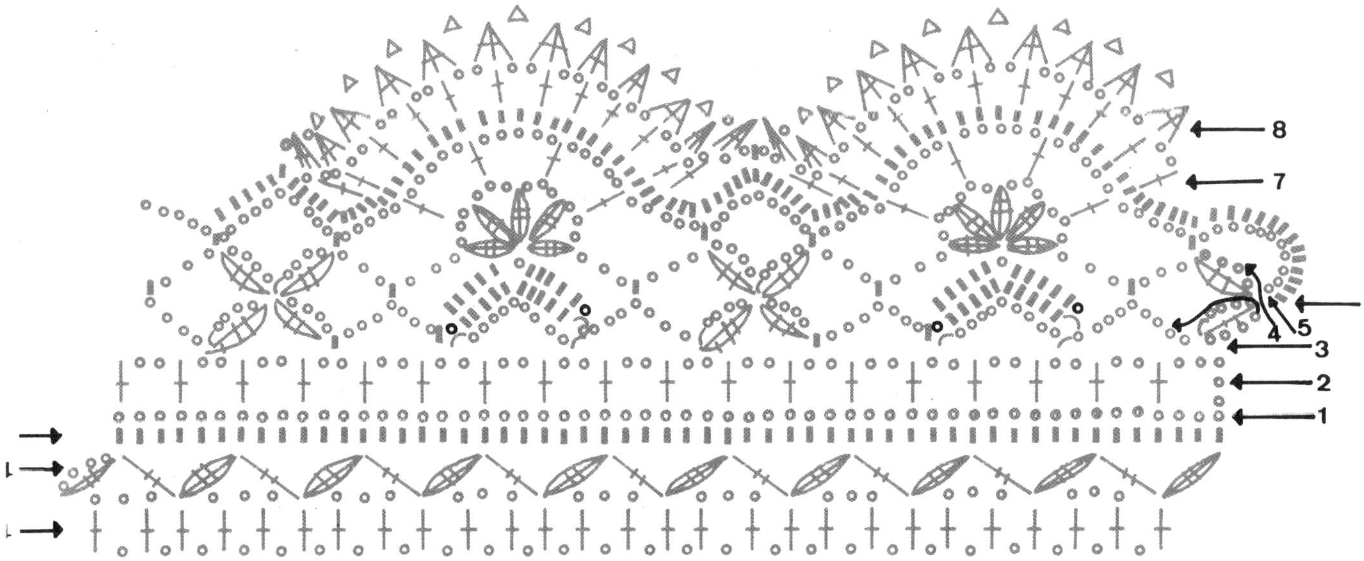

In Runden arbeiten oder jede Reihe neu an der gleichen Seite beginnen. In diesem Fall die Spitze gegengleich zum Anfang beenden.

Die festen Maschen in die hinteren Maschenglieder der Vorreihe häkeln.

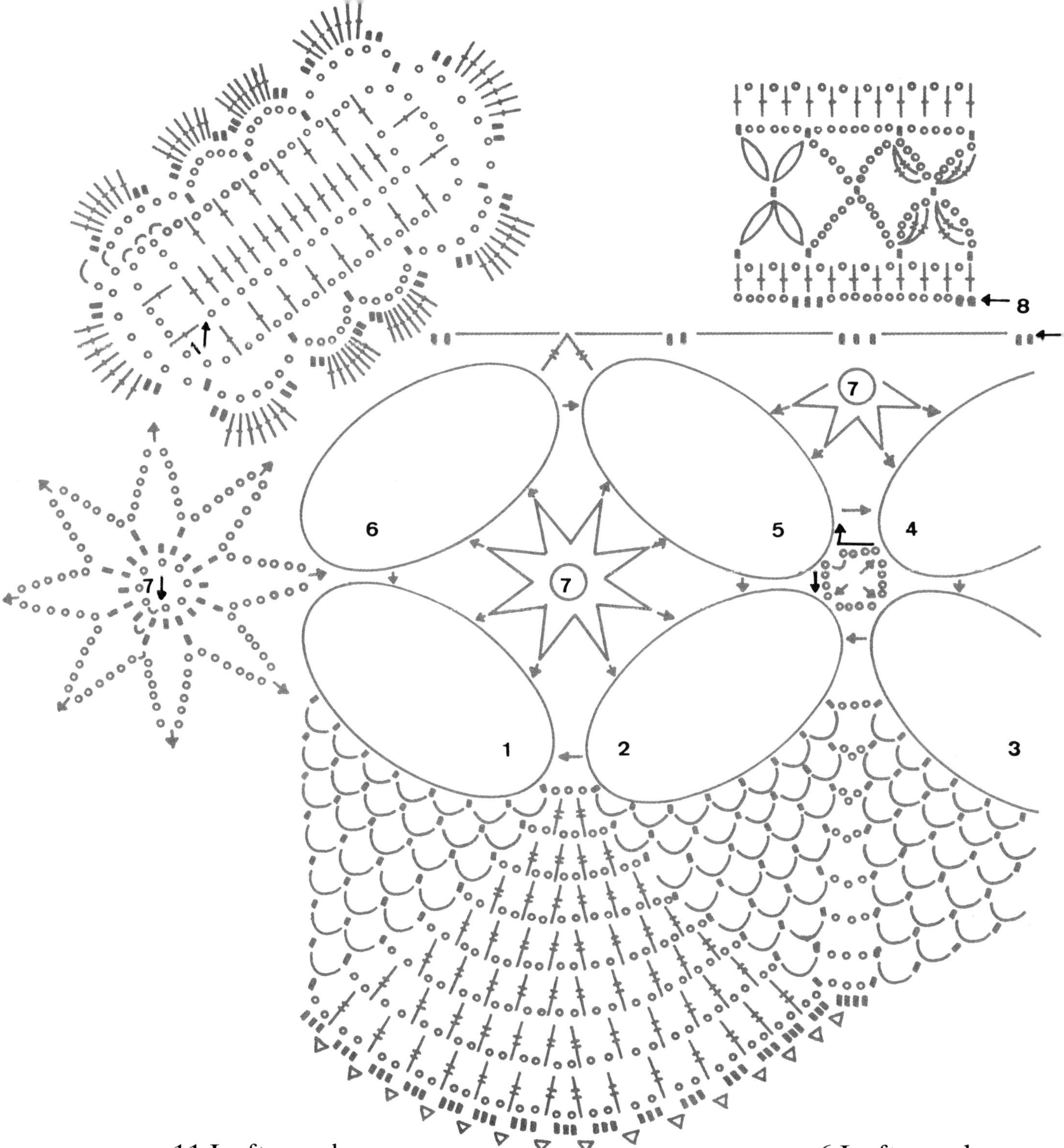

—— 11 Luftmaschen

⌒ 6 Luftmaschen

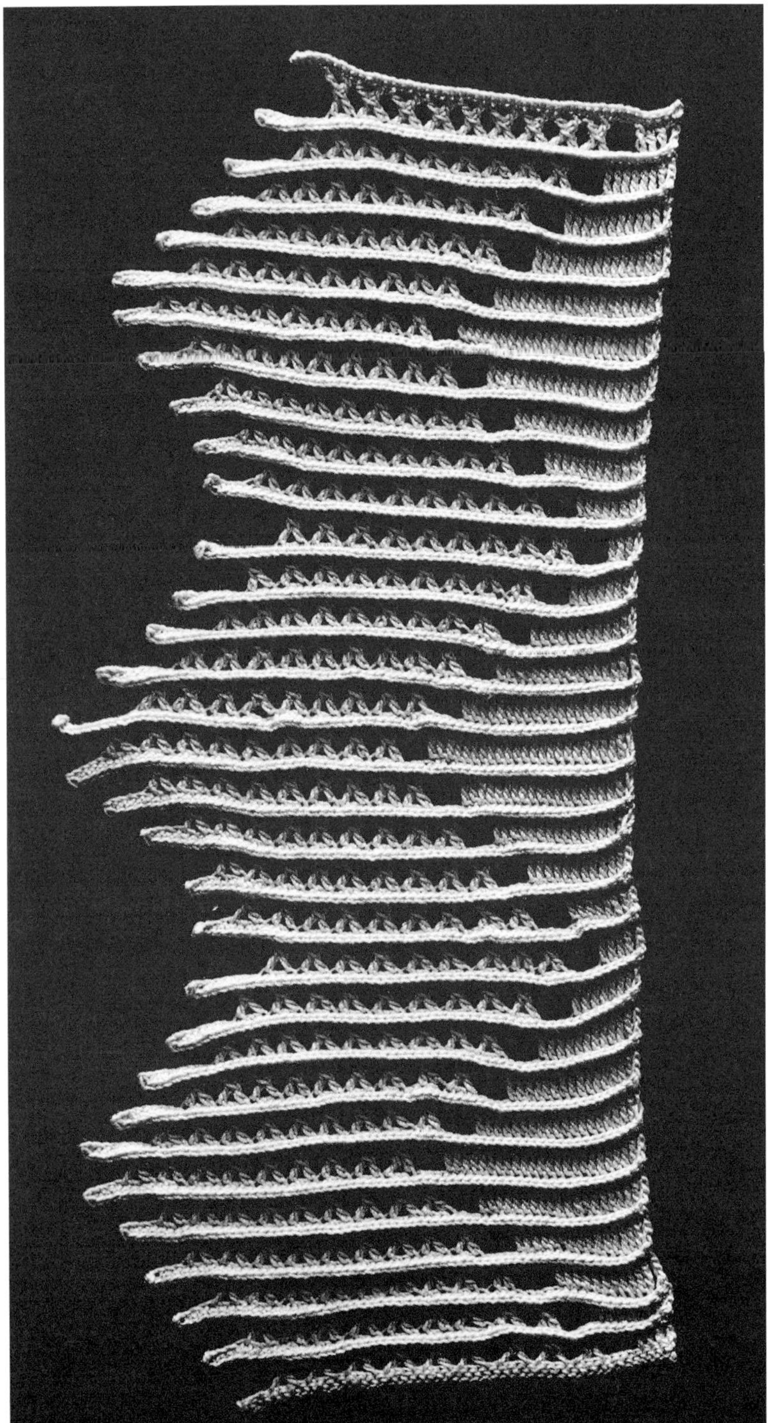

Die festen Maschen in das hintere Maschenglied der Vorreihe häkeln. Die Doppelstäbchen und Kreuzstäbchen der nächsten Reihe werden in die freigebliebenen Maschenglieder der bereits durch feste Maschen überhäkelten Reihe gearbeitet, so daß sich die Reihe der festen Maschen vorne plastisch abhebt.

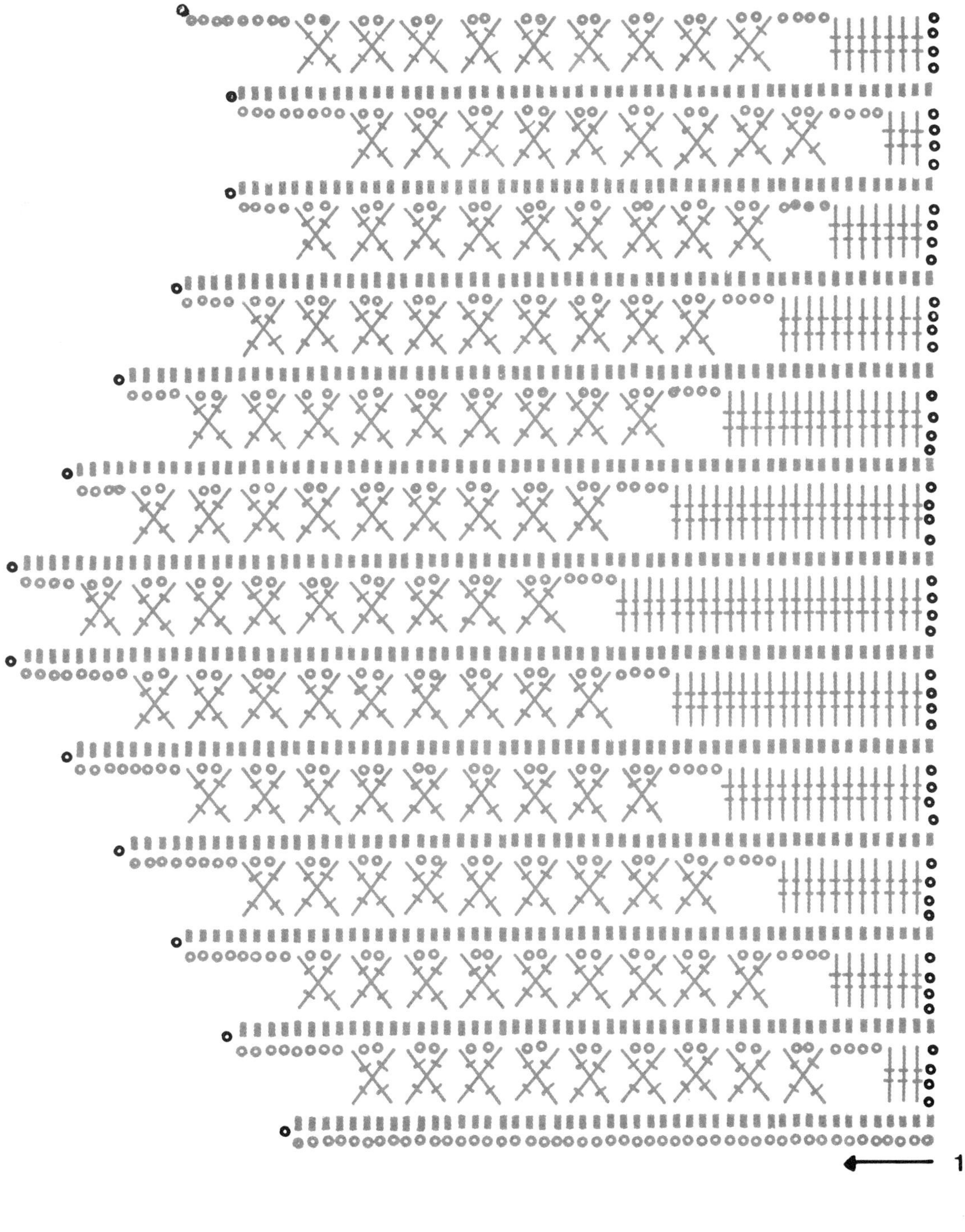
1

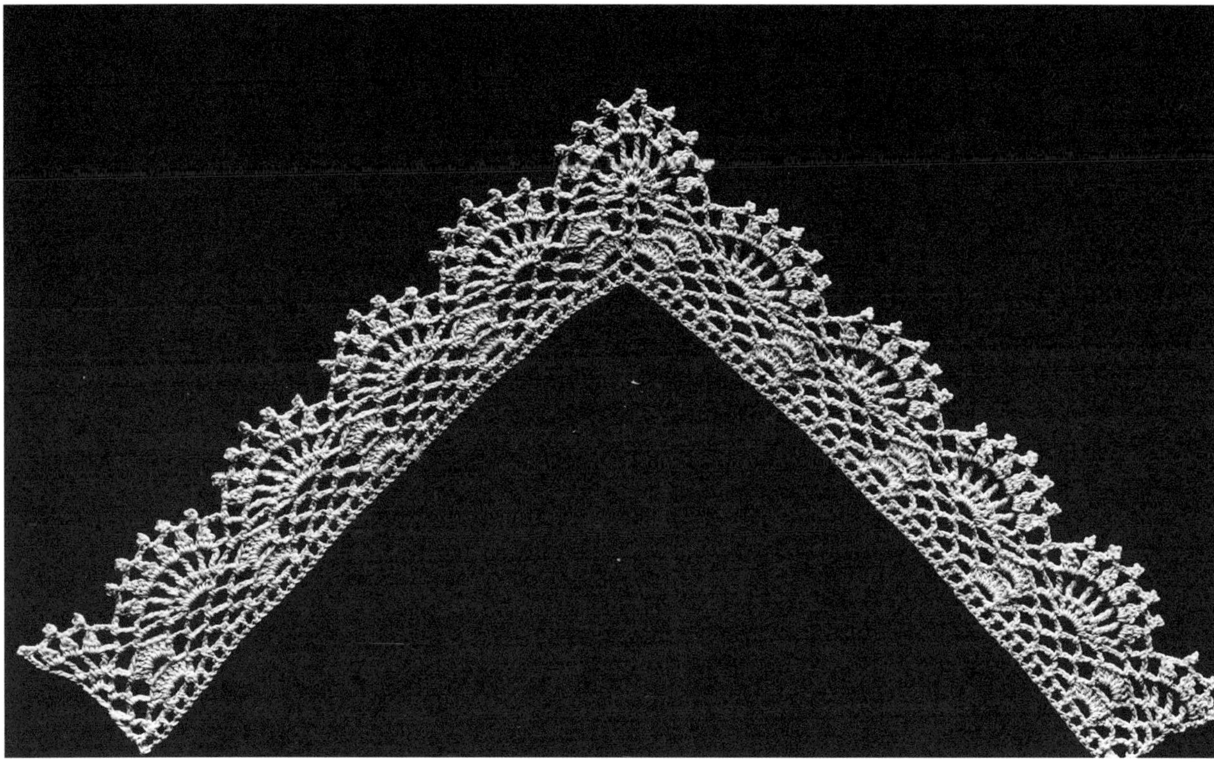

Wird die Spitze in Runden gehäkelt, beginnt man den ersten Bogen mit 6 Luftmaschen. Der letzte Bogen besteht aus 3 Luftmaschen und 1 Stäbchen, welches in die erste Luftmasche des ersten Bogens gehäkelt wird. Für den Beginn der nächsten Runde hat man somit den richtigen Ausgangspunkt.

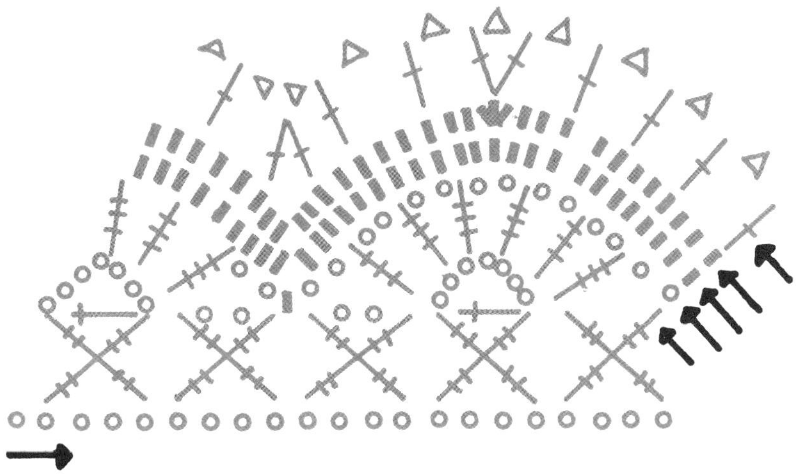

 Viermal umschlagen, zweimal abmaschen, zweimal umschlagen, in die dritte Masche der Reihe darunter einstechen, sechsmal paarweise abmaschen, 2 Luftmaschen, zweimal umschlagen. In den Kreuzungspunkt einstechen und paarweise abmaschen.

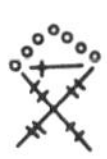 Wie oben, aber nach sechsmal Abmaschen 7 Luftmaschen häkeln, 1 Stäbchen in die erste der sieben, 1 Doppelstäbchen in den Kreuzungspunkt.

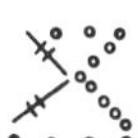 *Kreuzstäbchen am Anfang einer Reihe:* 4 Luftmaschen, 1 Doppelstäbchen in die dritte Luftmasche der Vorreihe, 6 Luftmaschen, 1 Doppelstäbchen in den Kreuzungspunkt.

In Runden arbeiten, oder jede Reihe von der gleichen Seite beginnen.

Die festen Maschen in das hintere Maschenglied der festen Maschen der Vorreihe häkeln.

Soll die Spitze keine Rundung bekommen, muß man in der ersten Reihe mit den Kreuzstäbchen nicht 2, sondern 3 Luftmaschen übergehen.

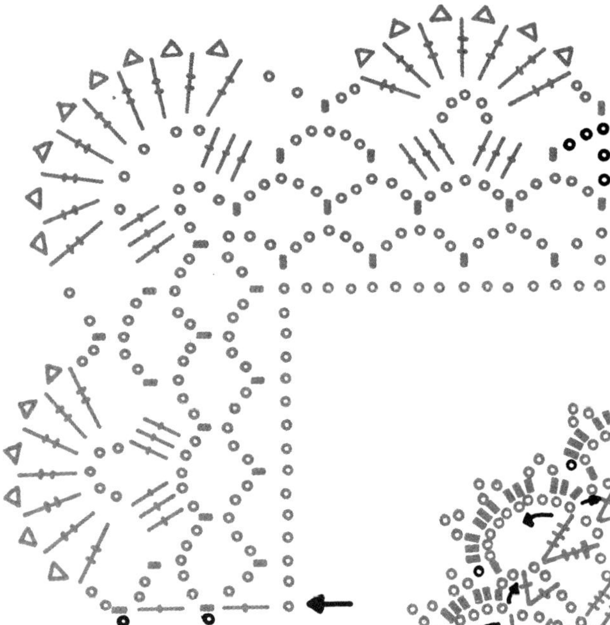

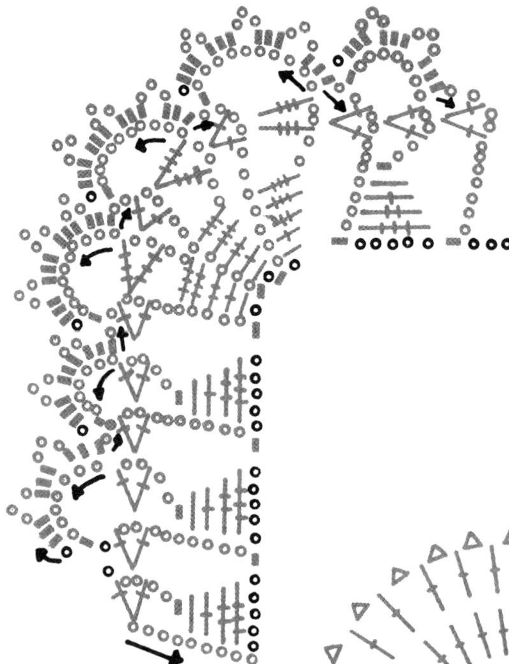

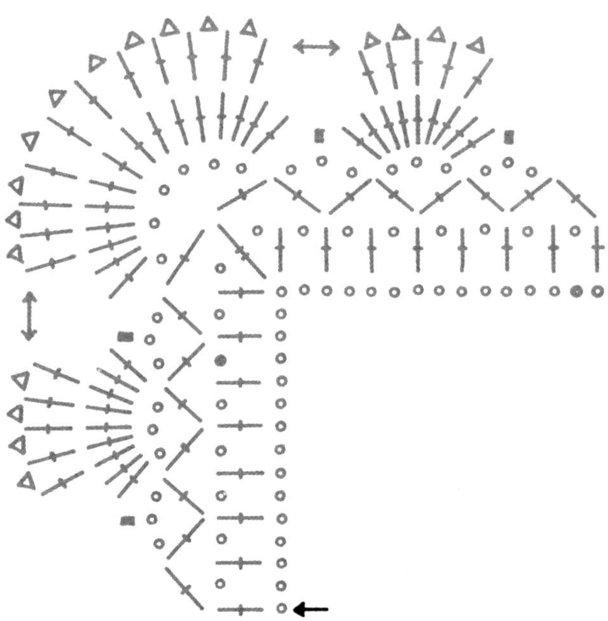

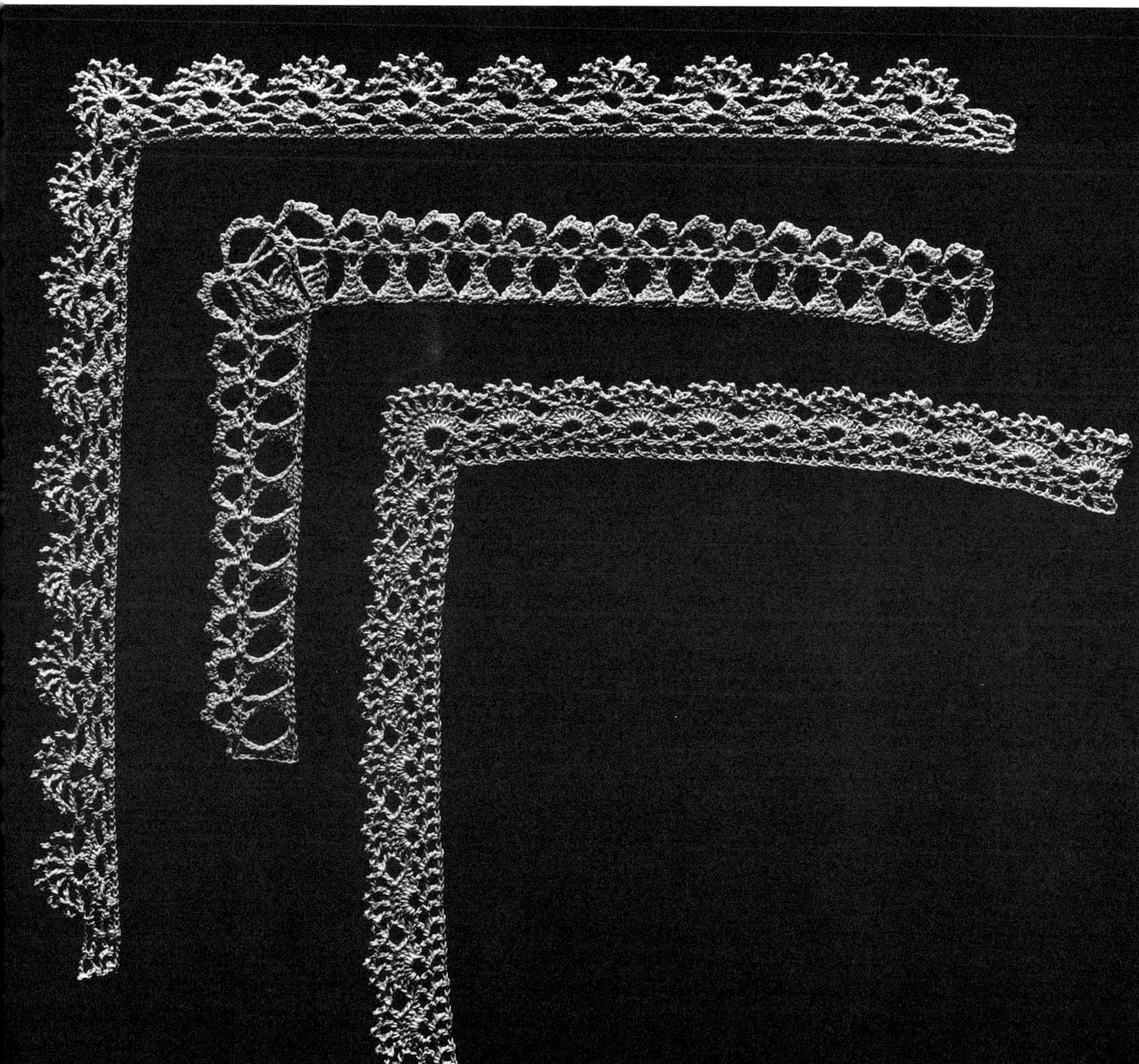

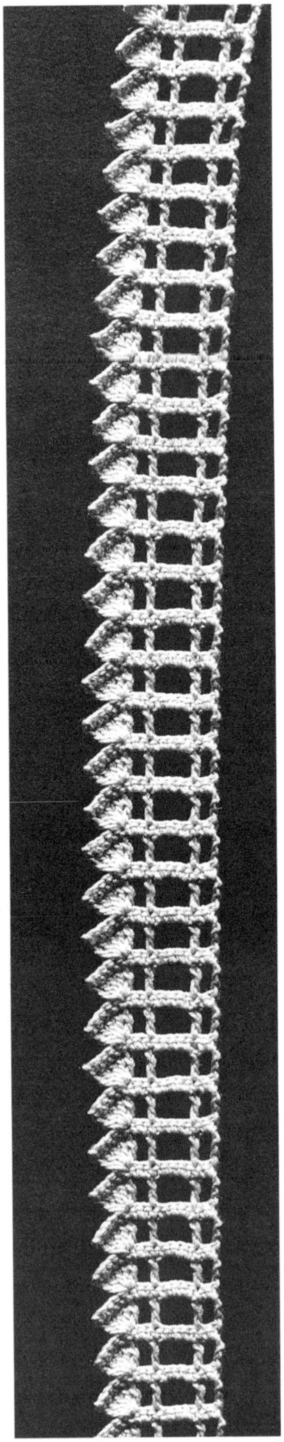

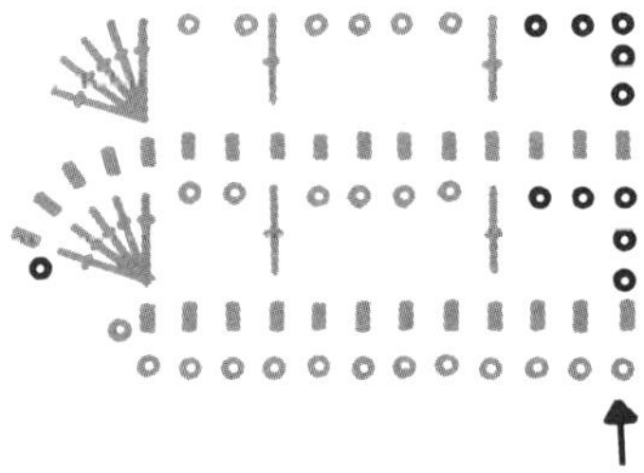

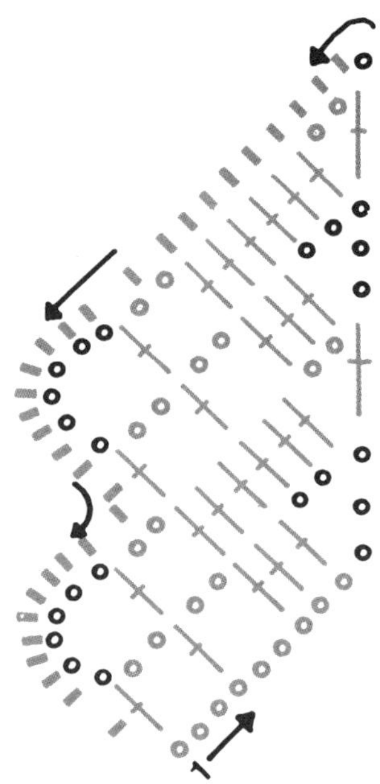

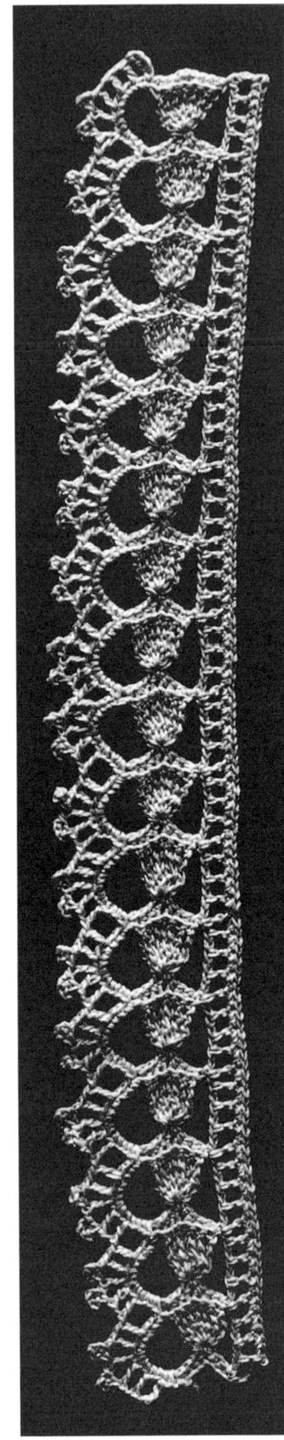

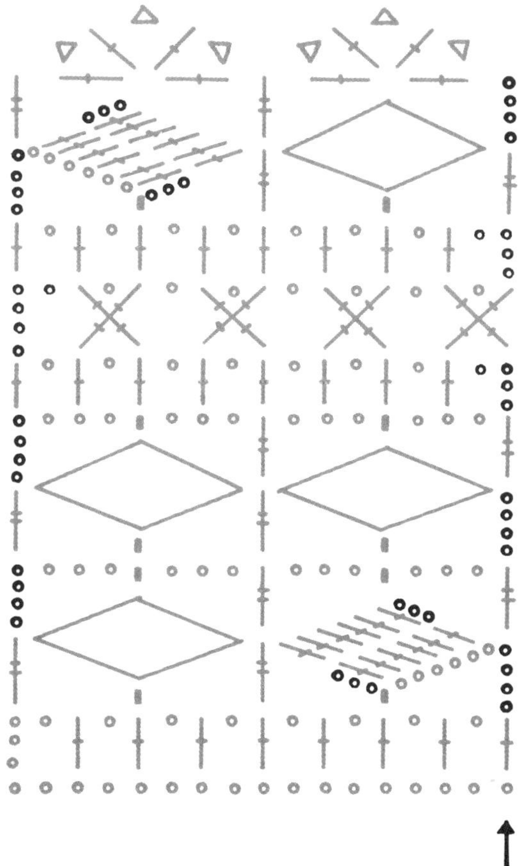

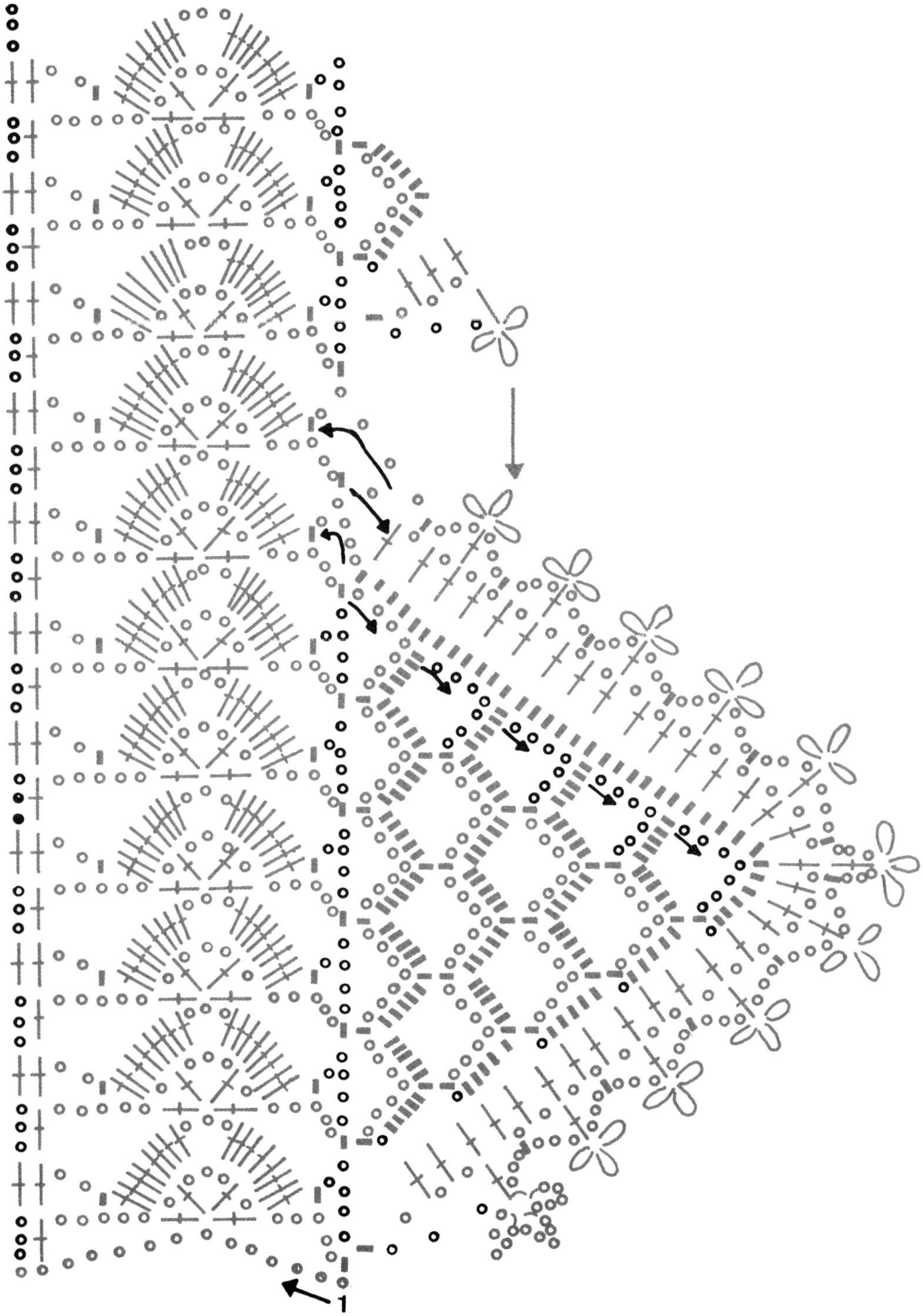
1

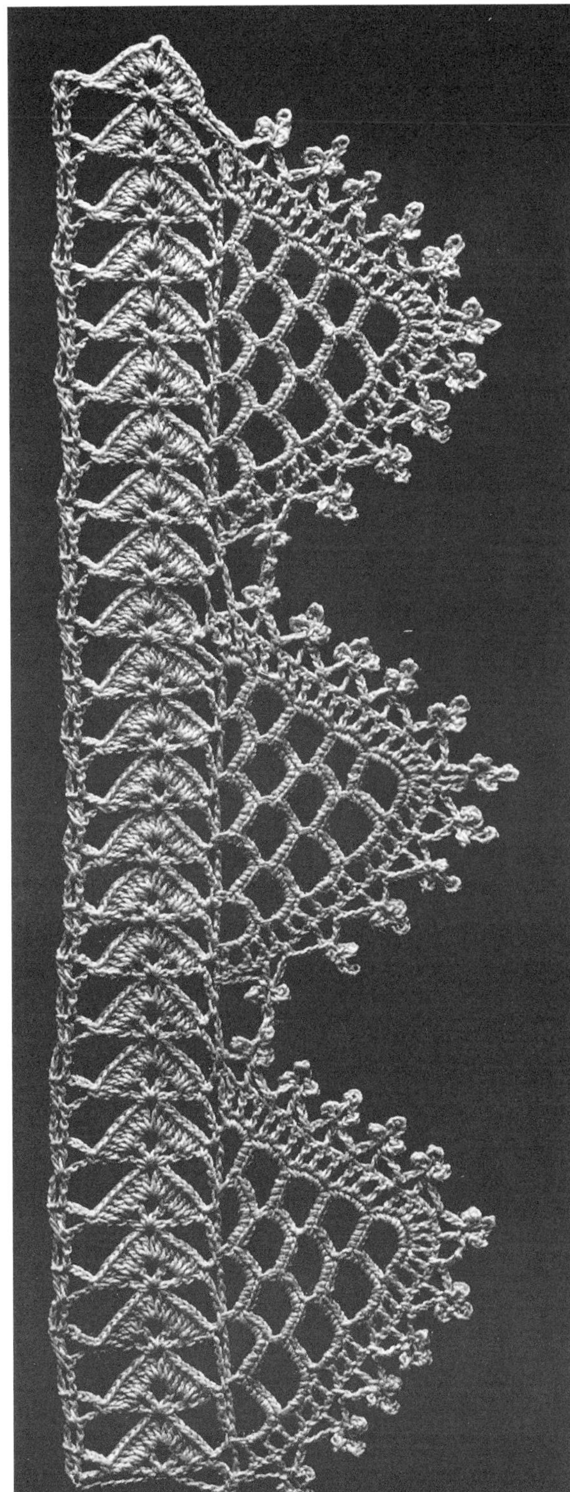

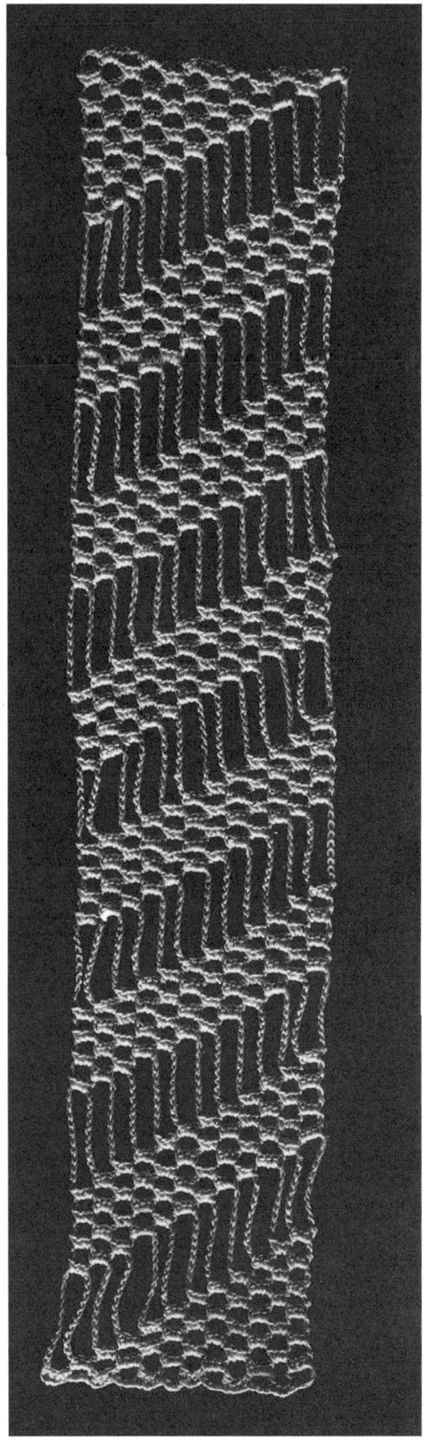

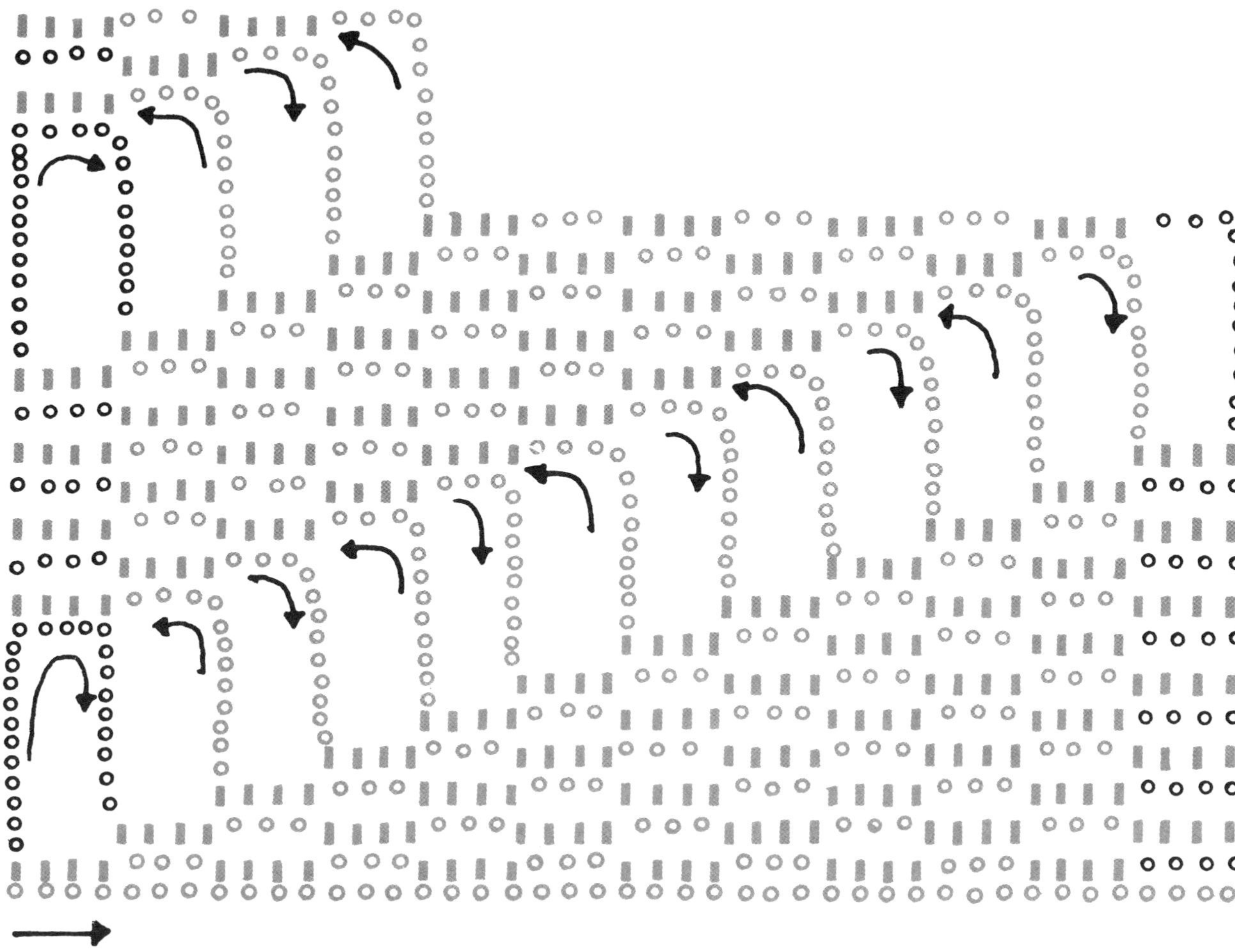

Den Abschluß gegengleich zum Anfang häkeln.

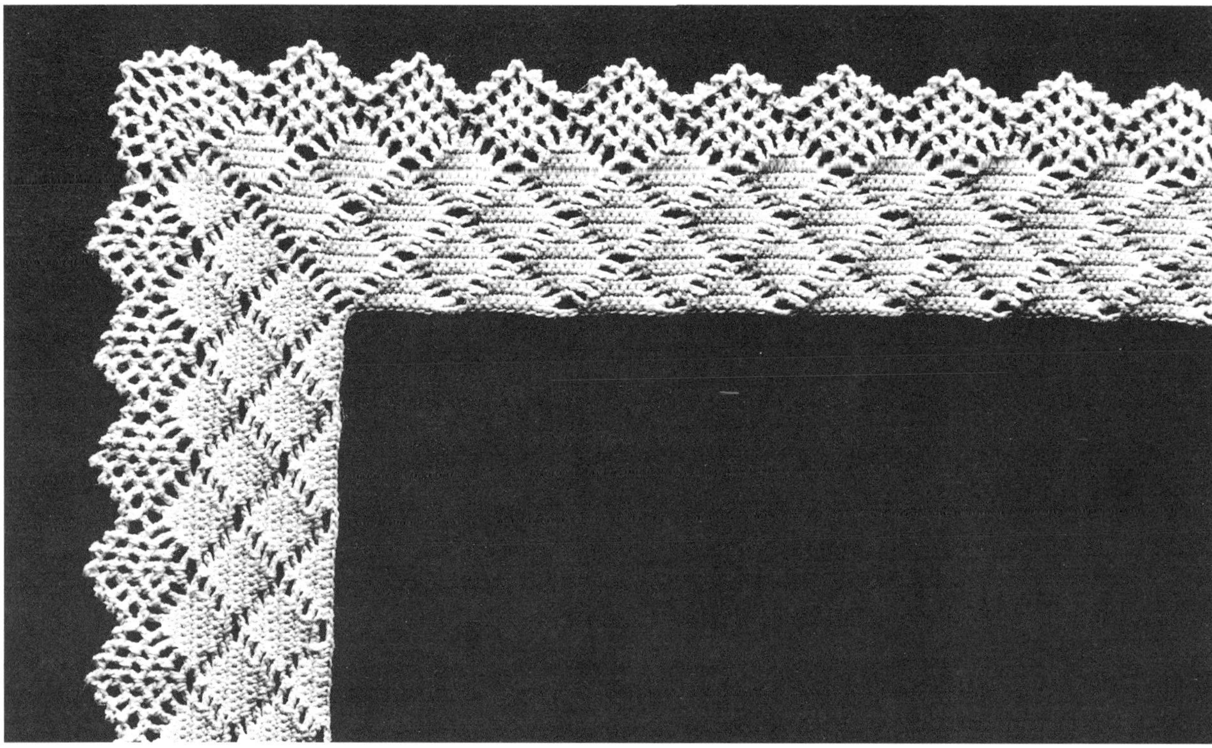

△ 3 Luftmaschen, 1 feste Masche in die erste Luftmasche.

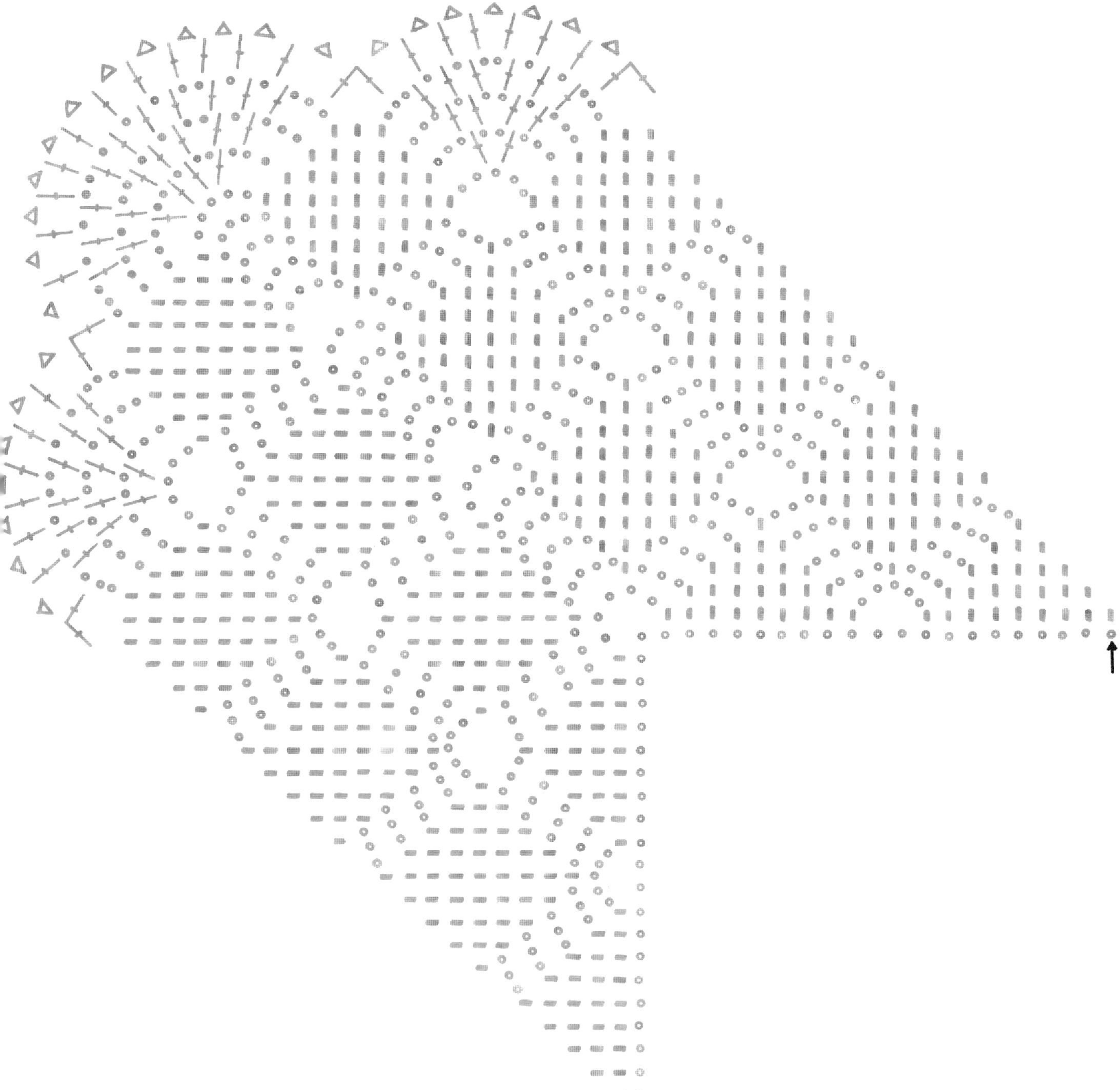

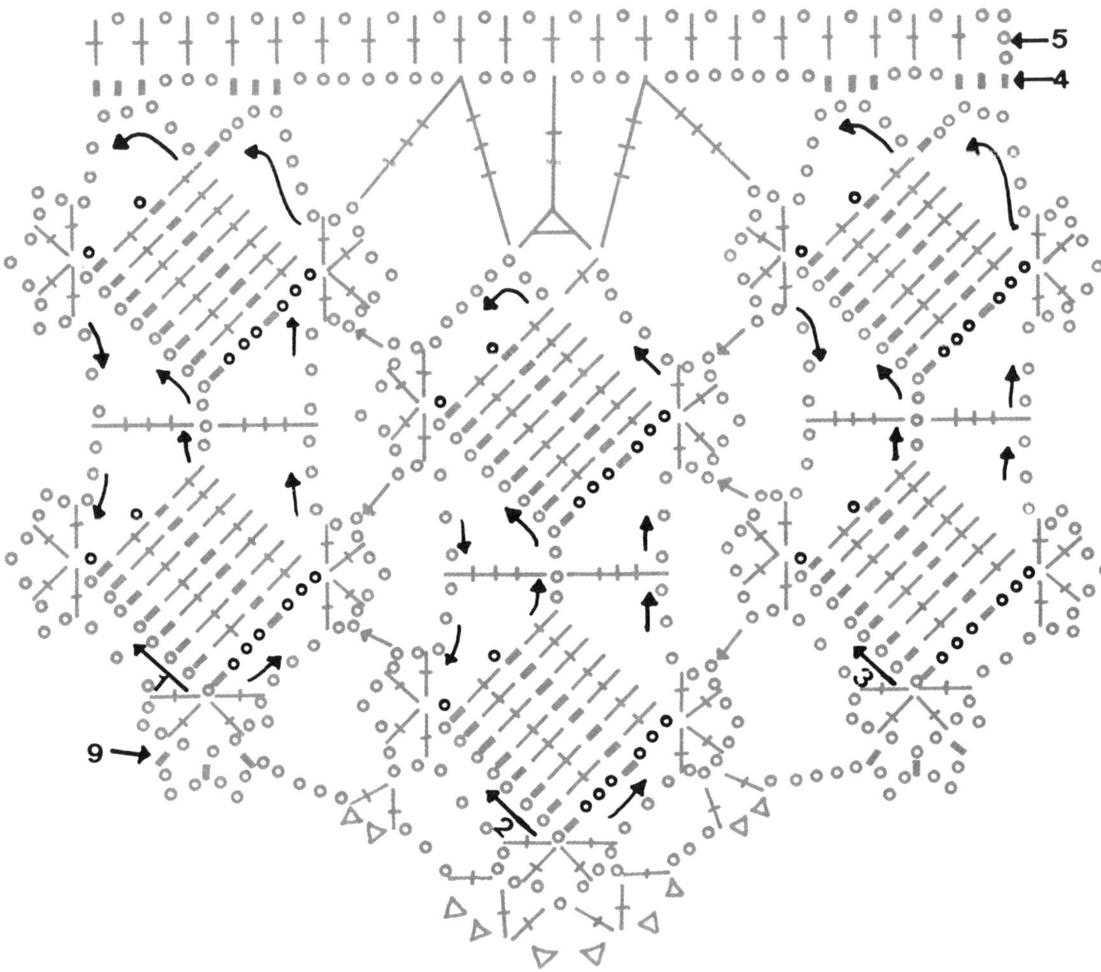
5
4
1
2
3
9

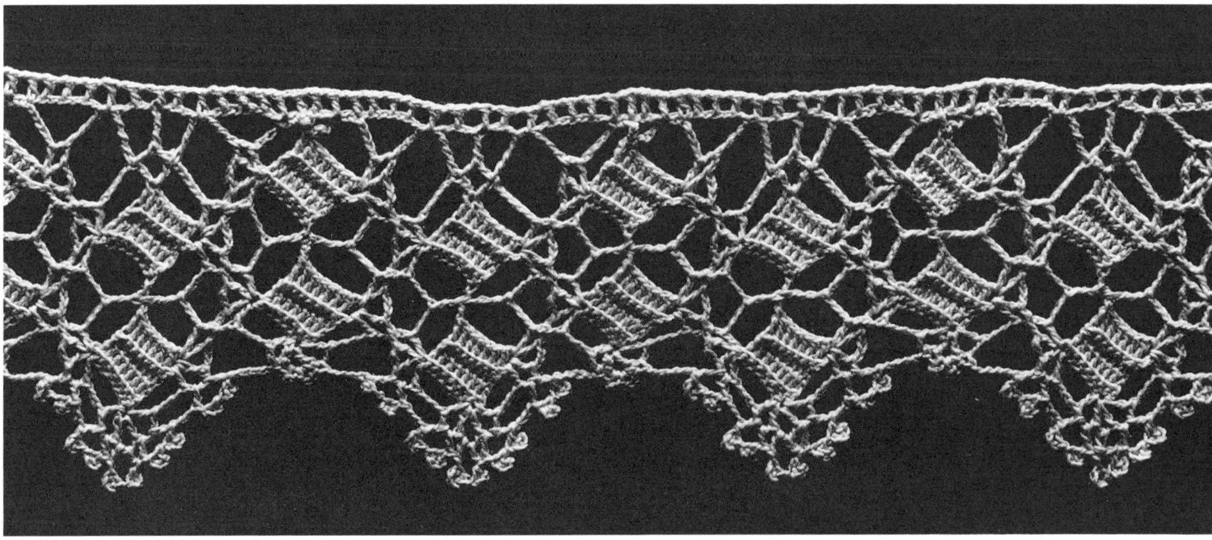

 Dreimal umschlagen, in die erste Einstichstelle einstechen, durchziehen, 2 Umschläge abmaschen, einmal umschlagen, in die zweite Einstichstelle einstechen, durchziehen und alle Umschläge paarweise abmaschen.

Quadrate: Feste Maschen und Stäbchen in das hintere Maschenglied der Vorreihe häkeln.

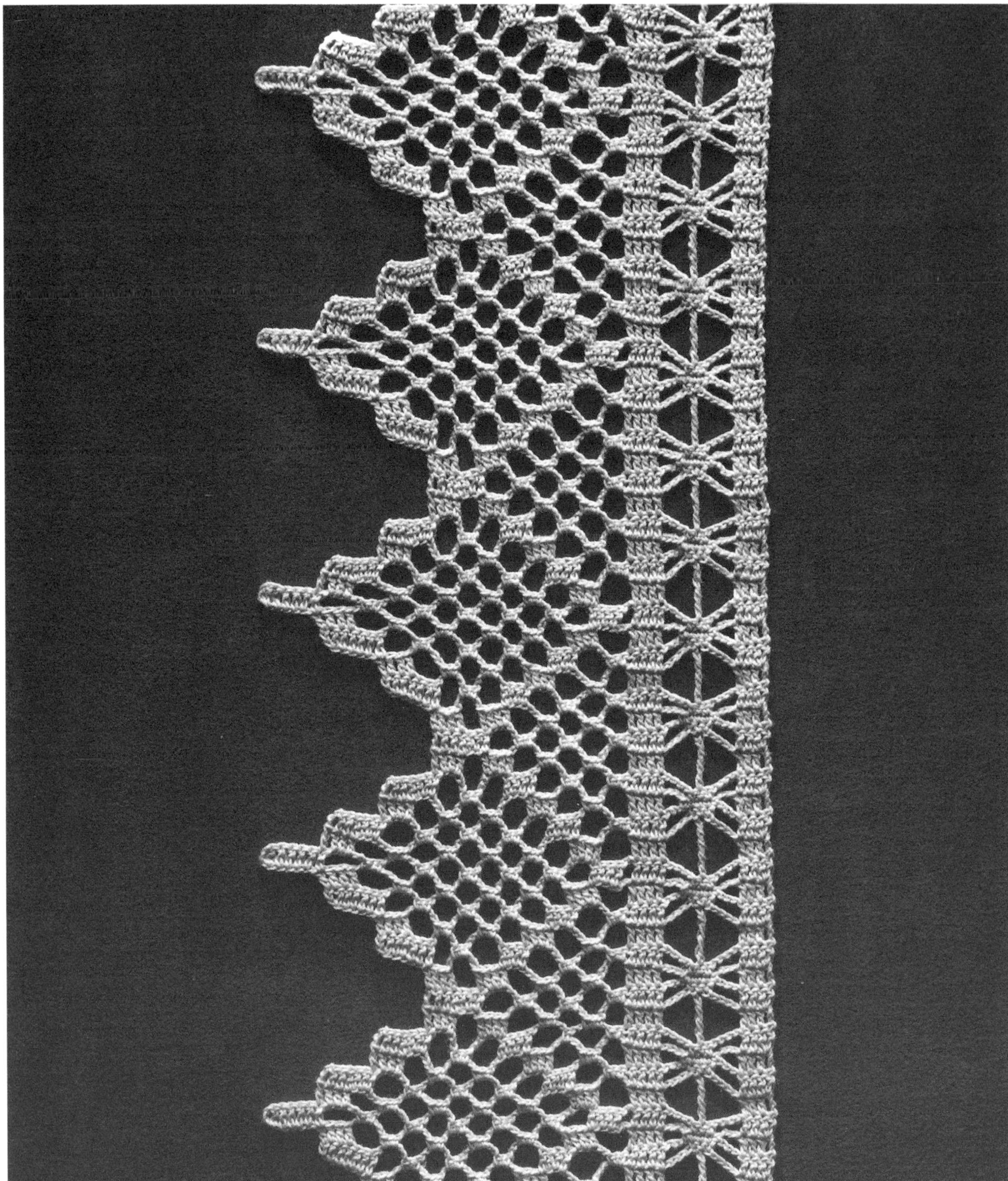

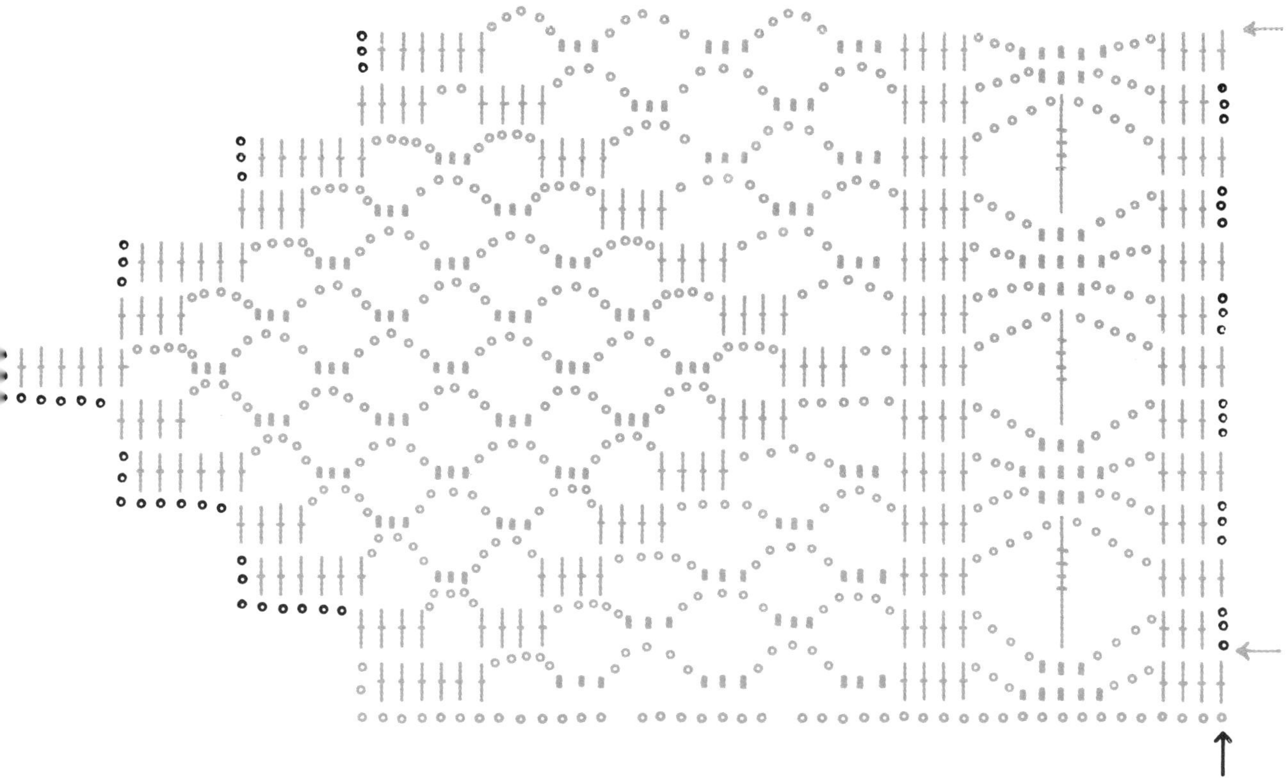

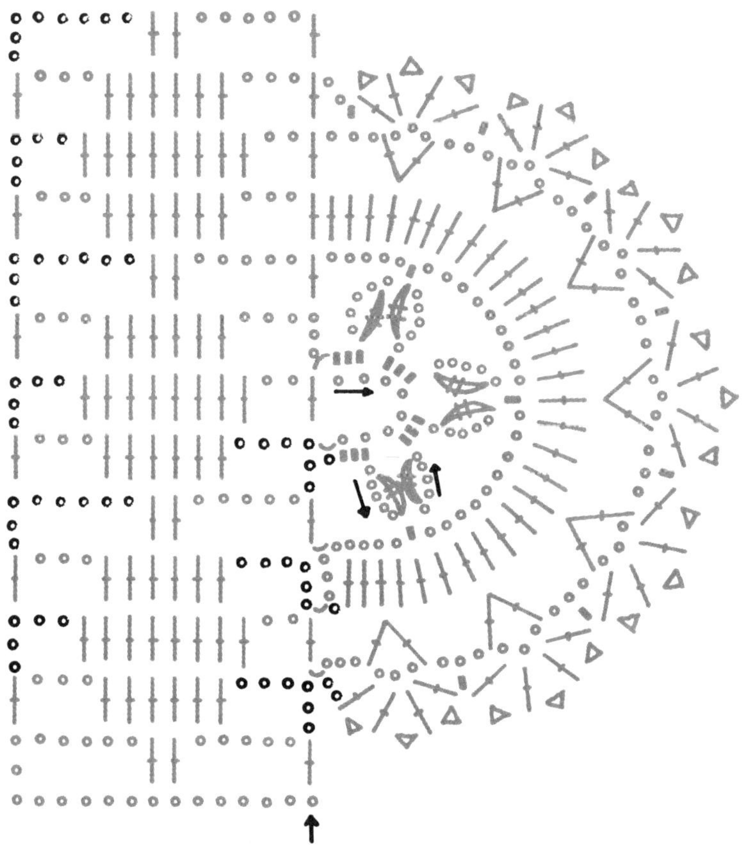

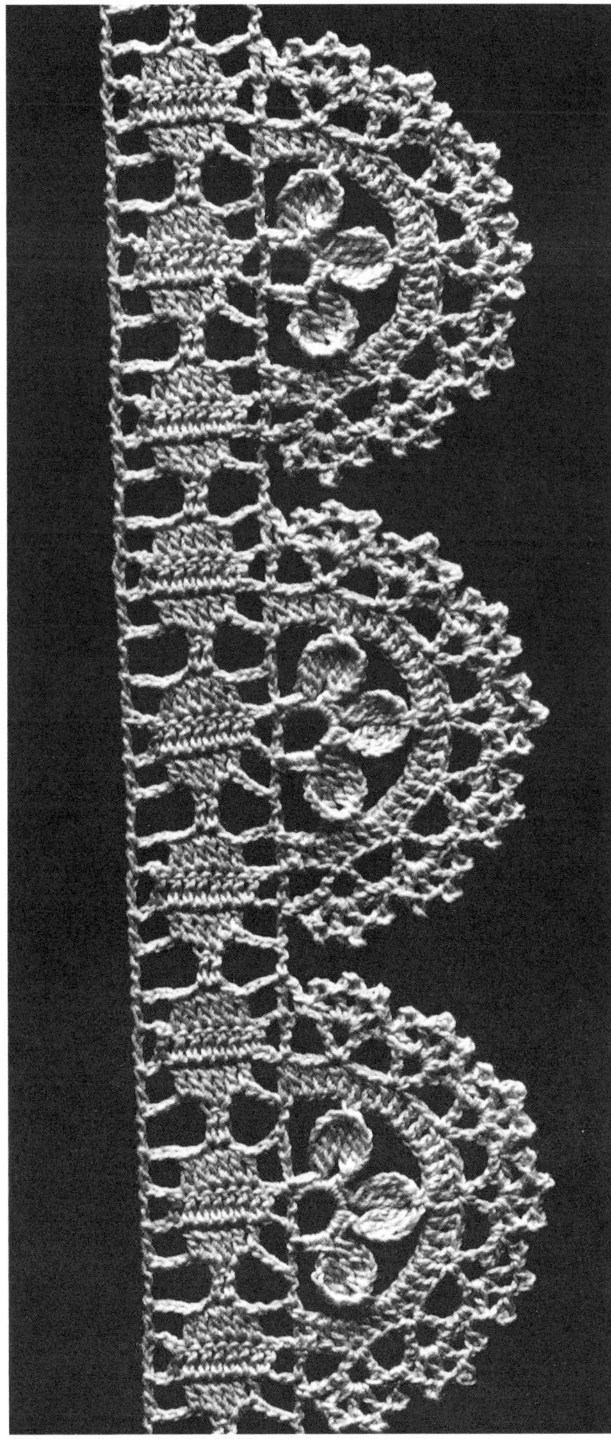

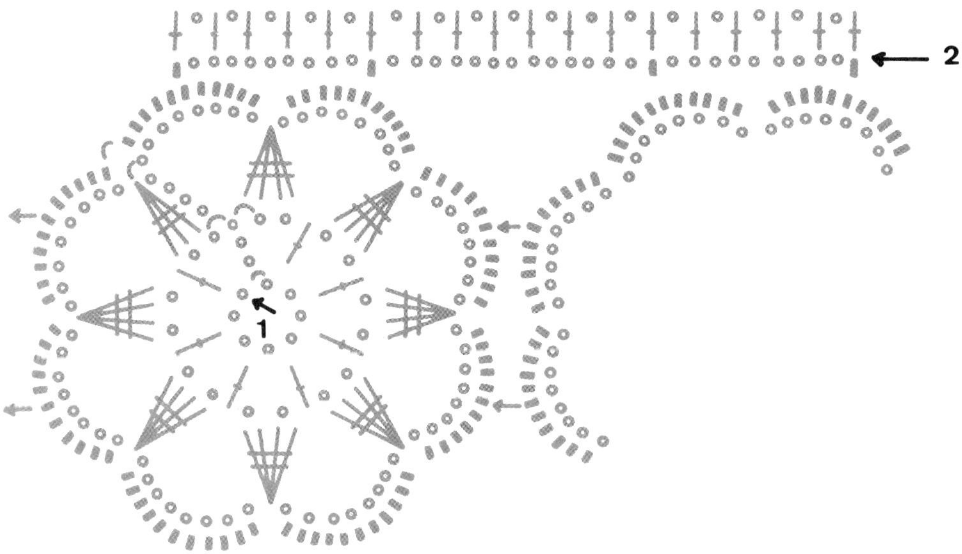
2
1

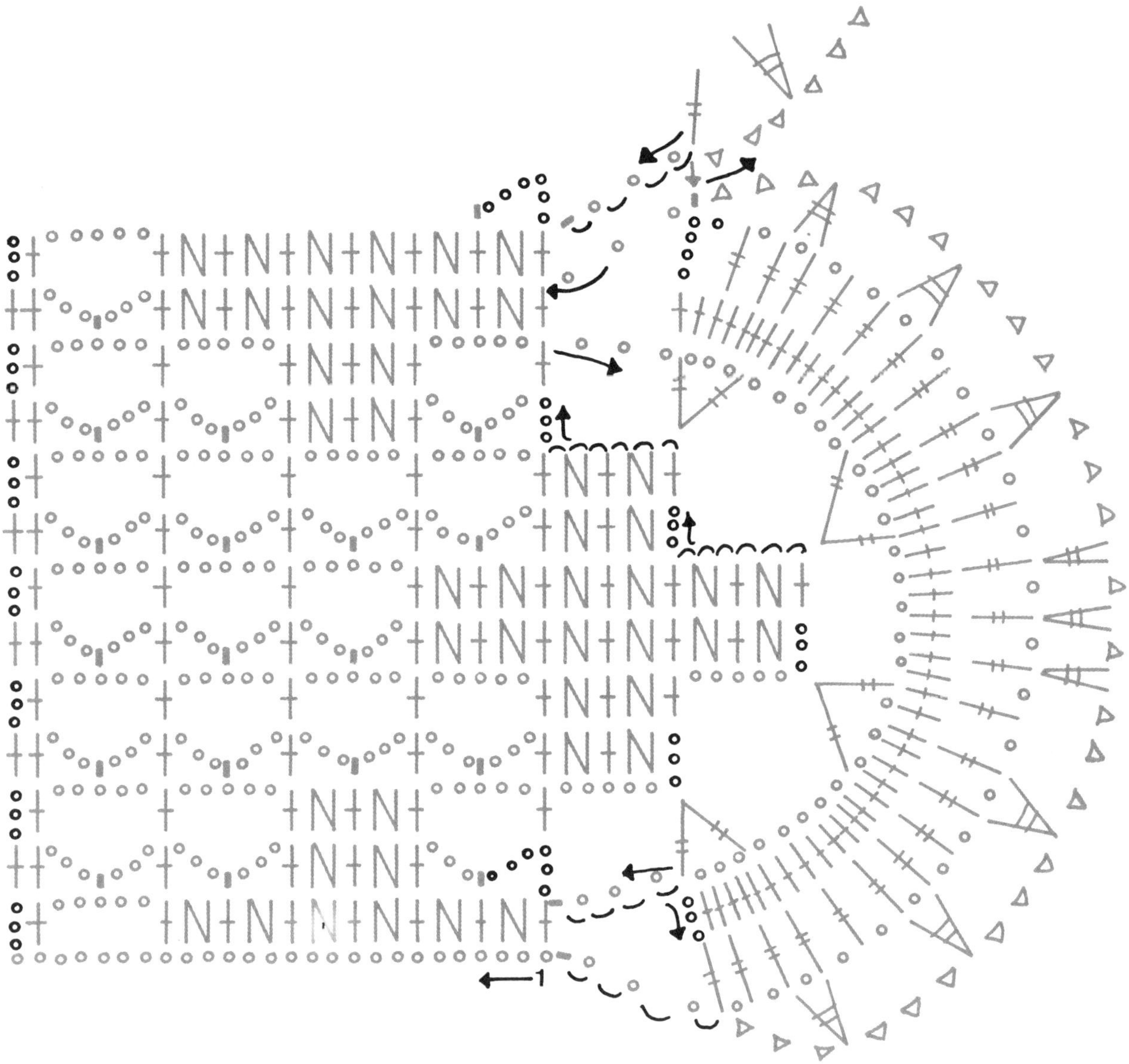

N Fünfmal wie für 1 Stäbchen umschlagen, dann alle Umschläge auf einmal abmaschen.

Noppe in die Luftmaschenkette: Die 5 Stäbchenumschläge auf 2 Luftmaschen der Vorreihe aufteilen (in die erste Luftmasche 3, in die zweite Luftmasche 2 Umschläge).

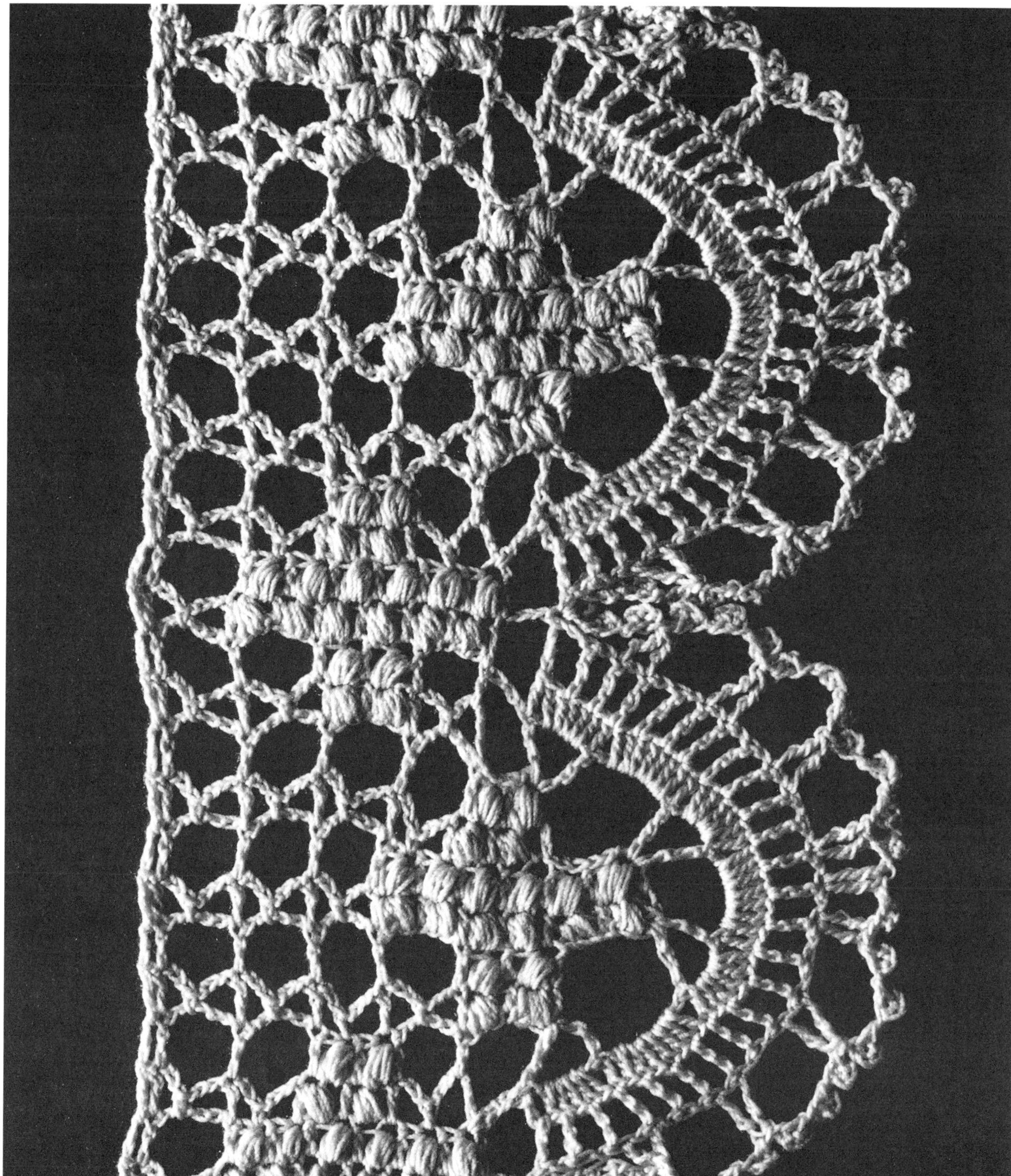

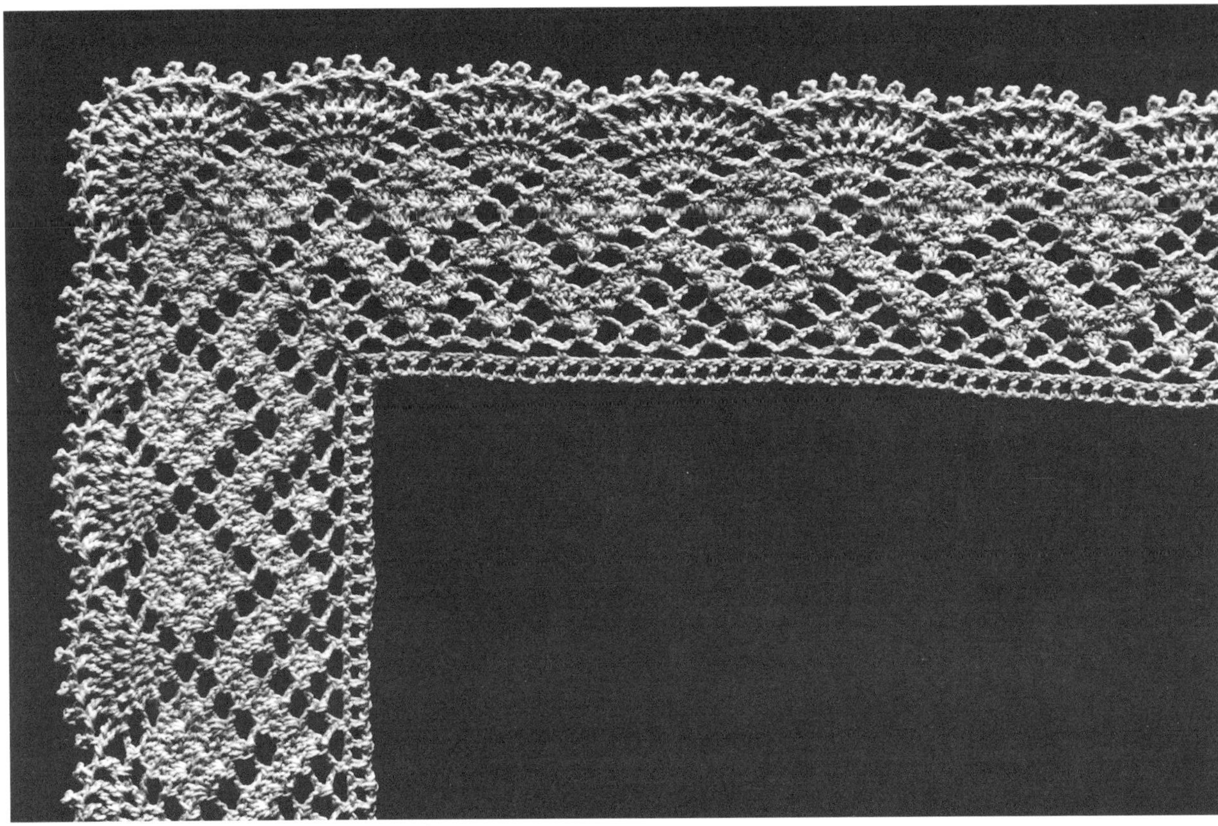

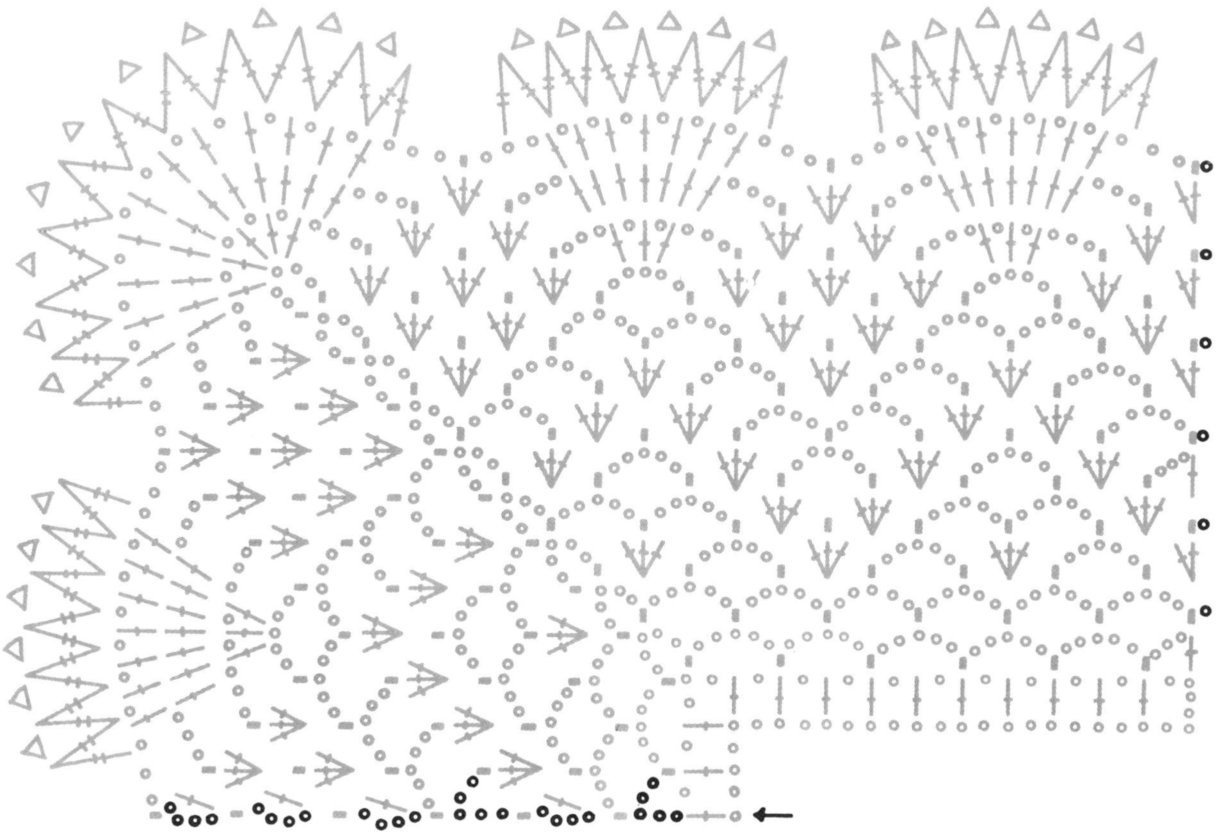

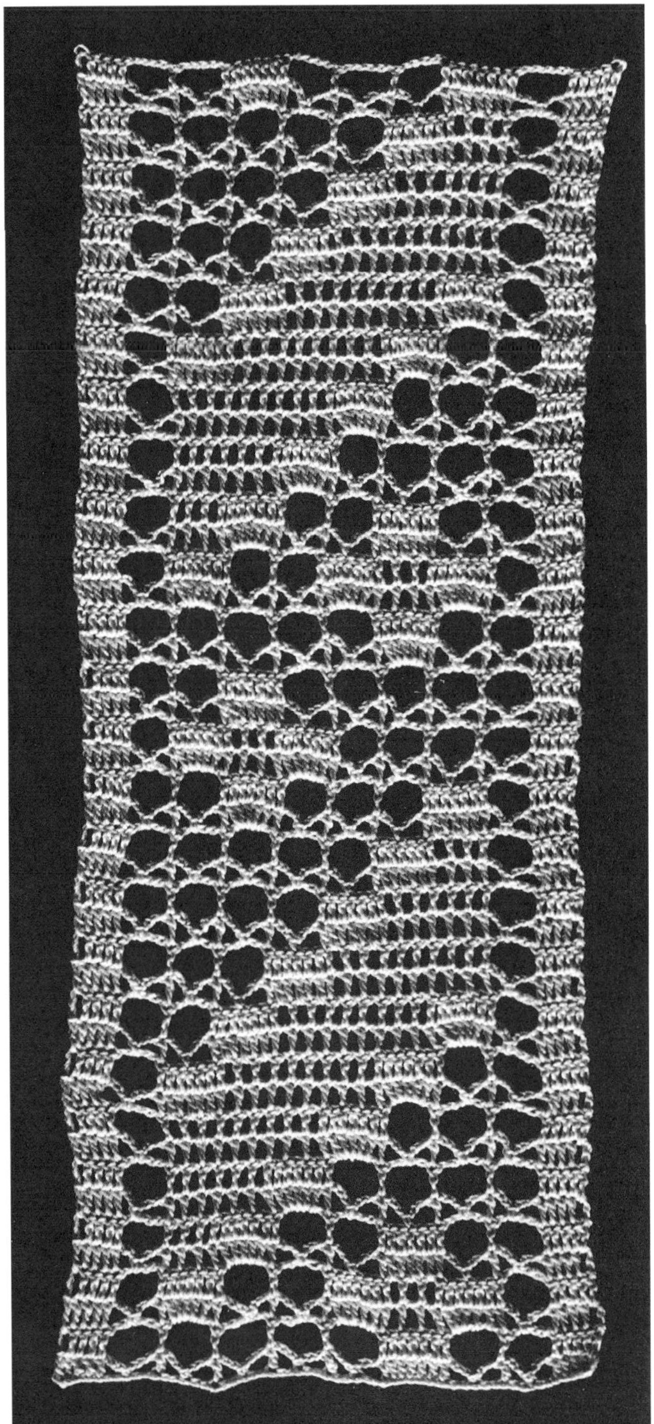

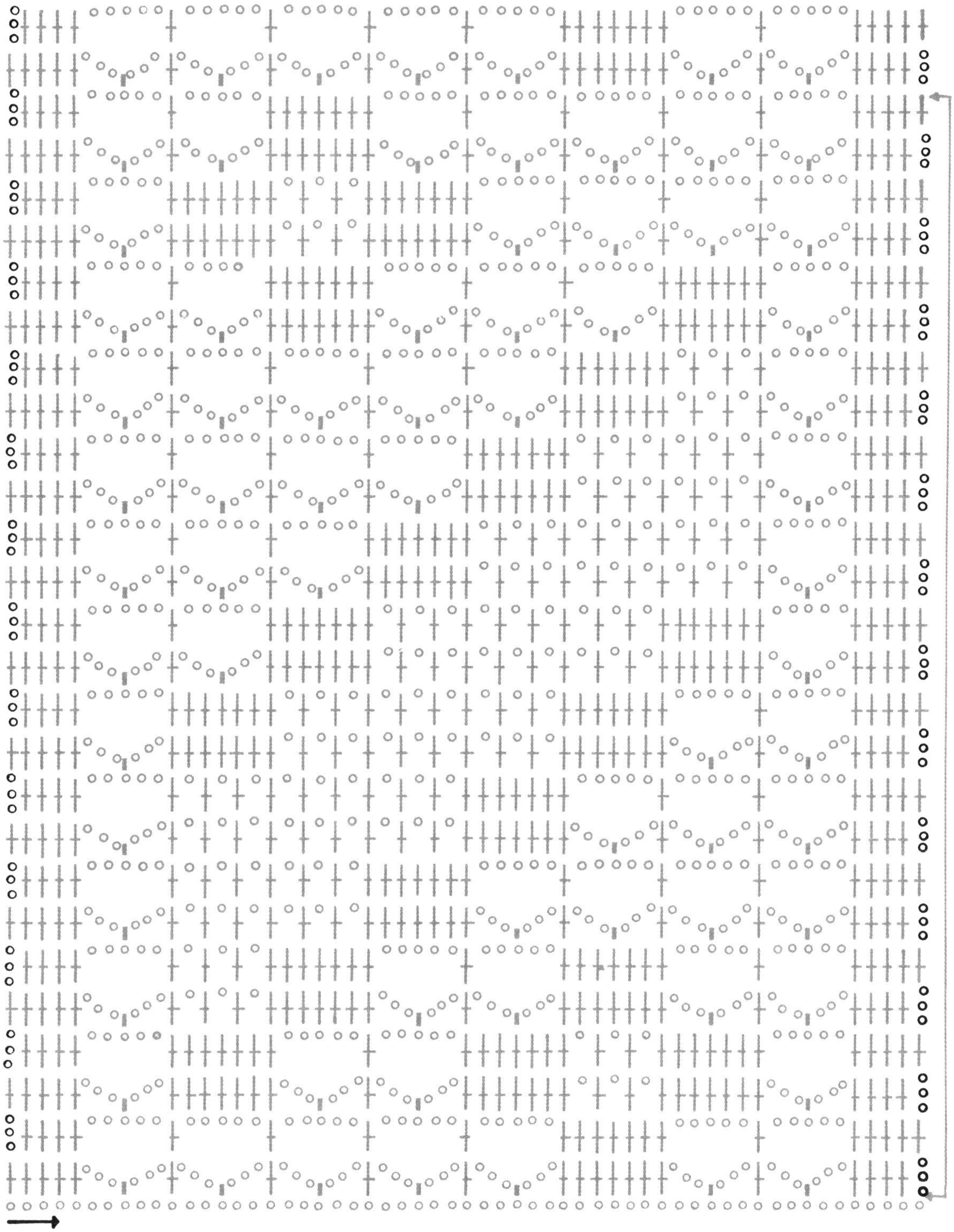

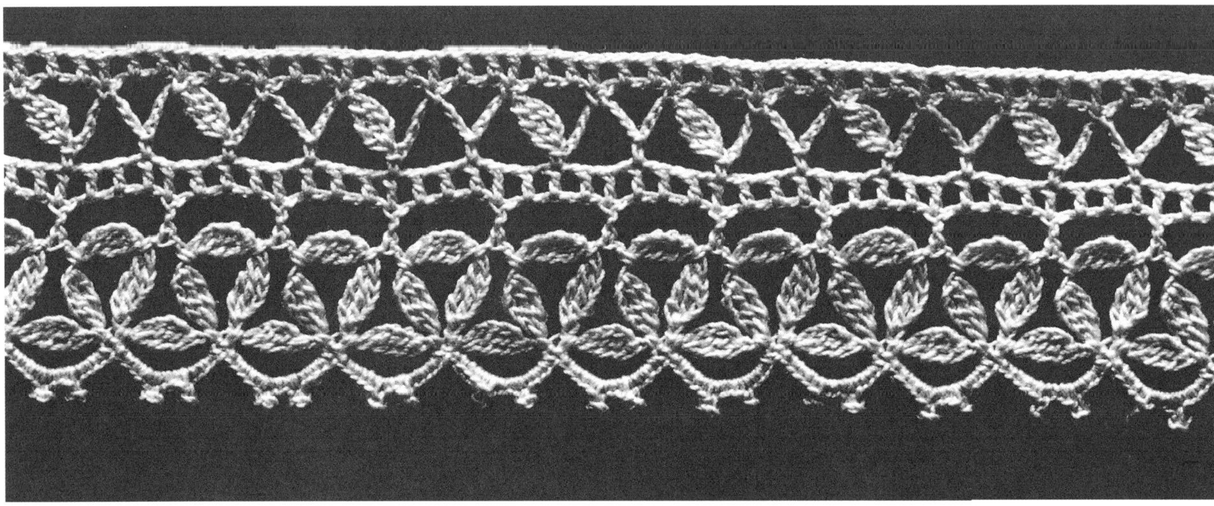

⅄ 2 Umschläge, rechts unten einstechen, Faden holen, einmal paarweise abmaschen, 1 Umschlag, links unten einstechen, Faden holen, viermal paarweise abmaschen.

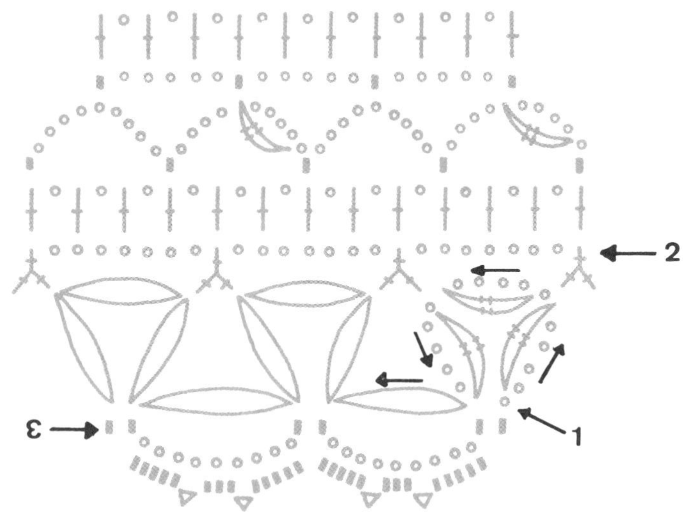

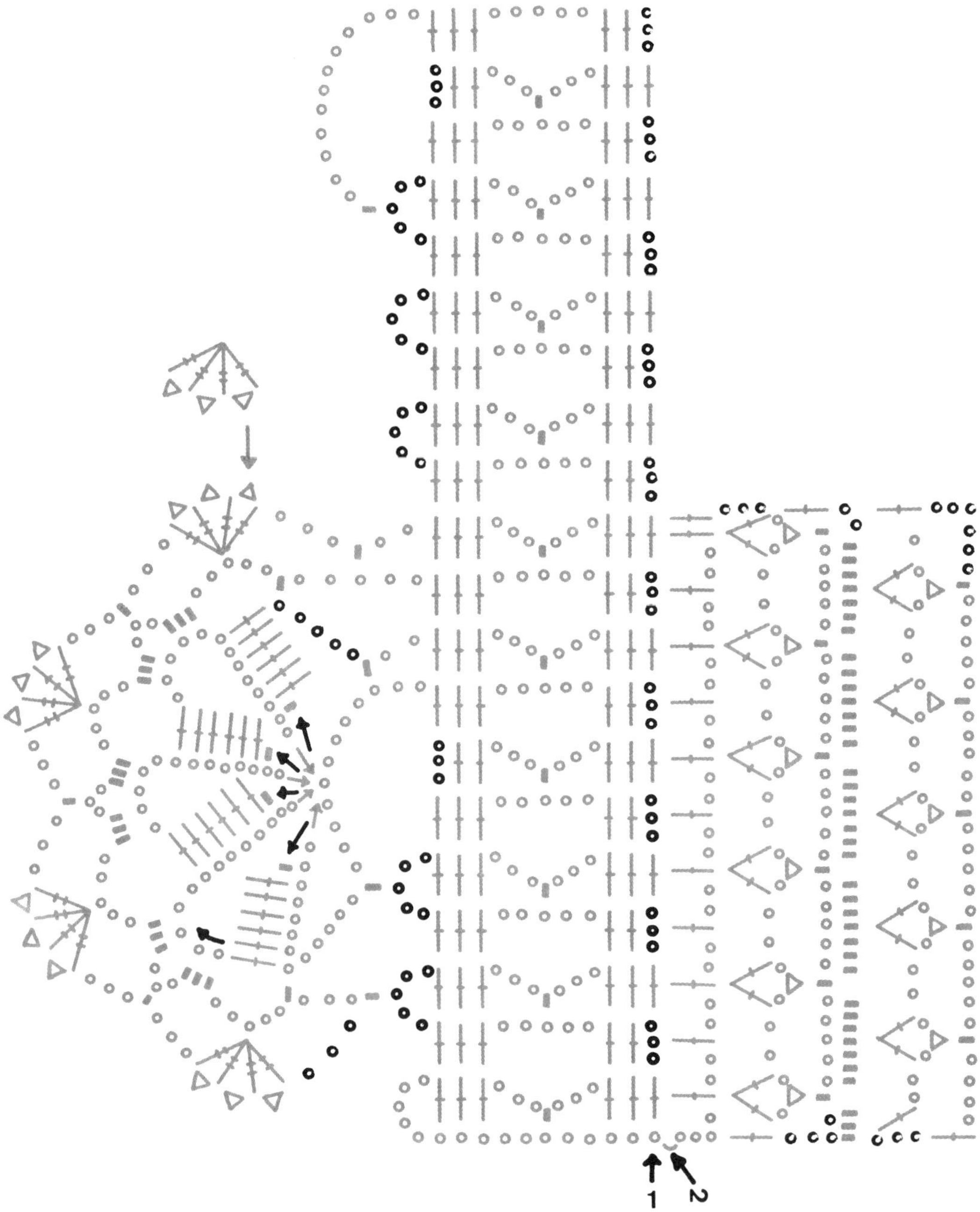
1
2

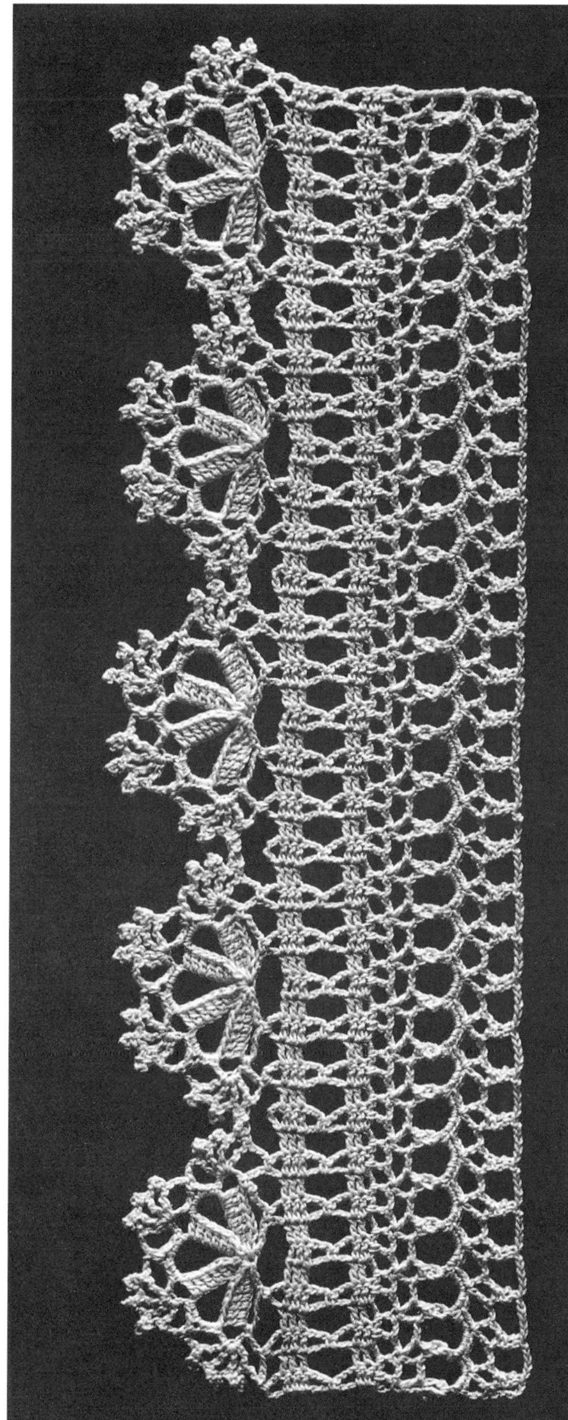

2 Stäbchen in die gleiche Einstichstelle, ein 3. Stäbchen um die beiden ersten häkeln.
Soll eine gerade Spitze entstehen, am rechten Rand 1 Doppelstäbchen bzw. 6 statt 5 Wendeluftmaschen häkeln.
Die Einstichstellen können je nach Bedarf gewählt werden, damit die gewünschte Rundung entsteht.

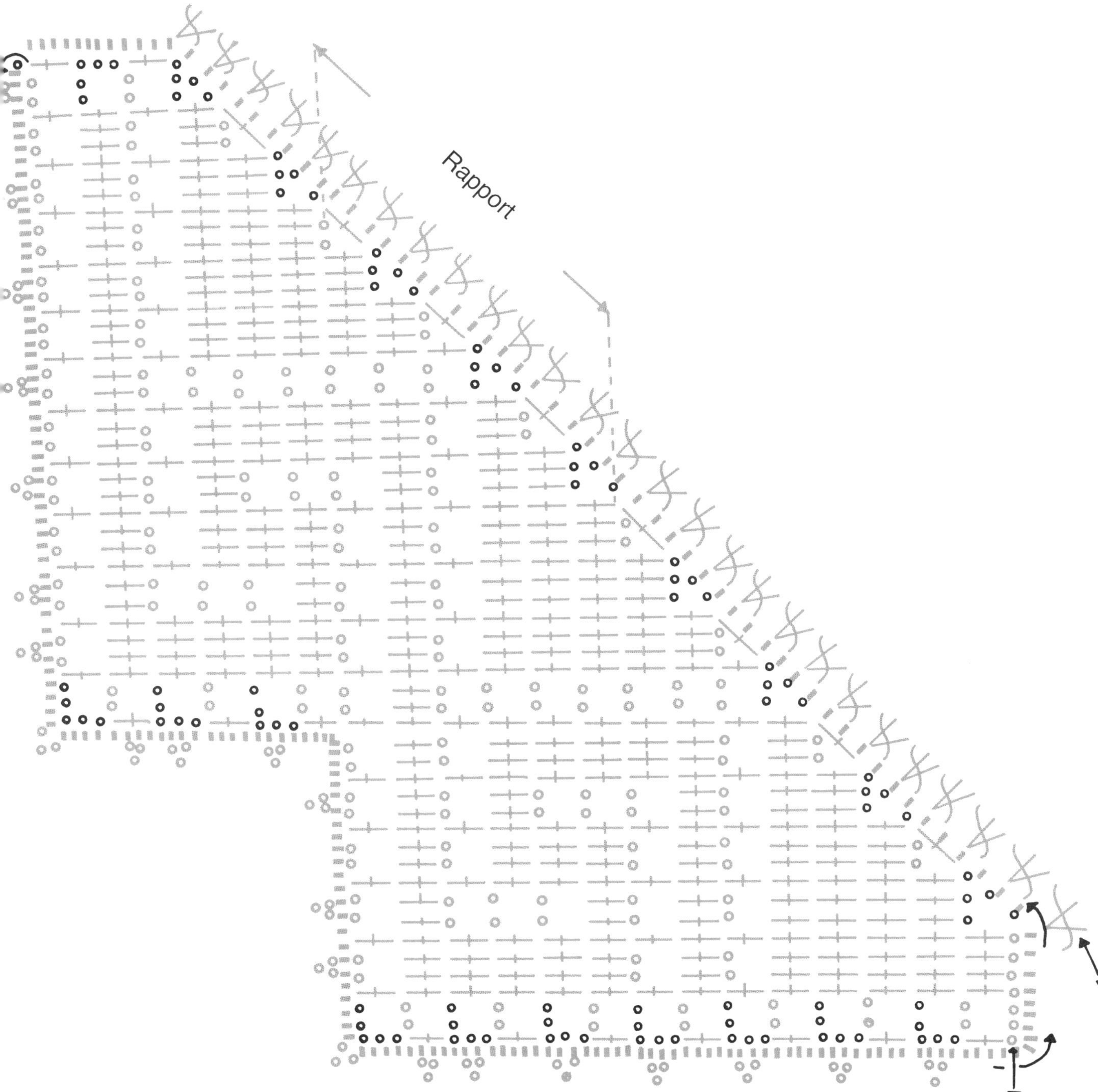
Rapport
1
2

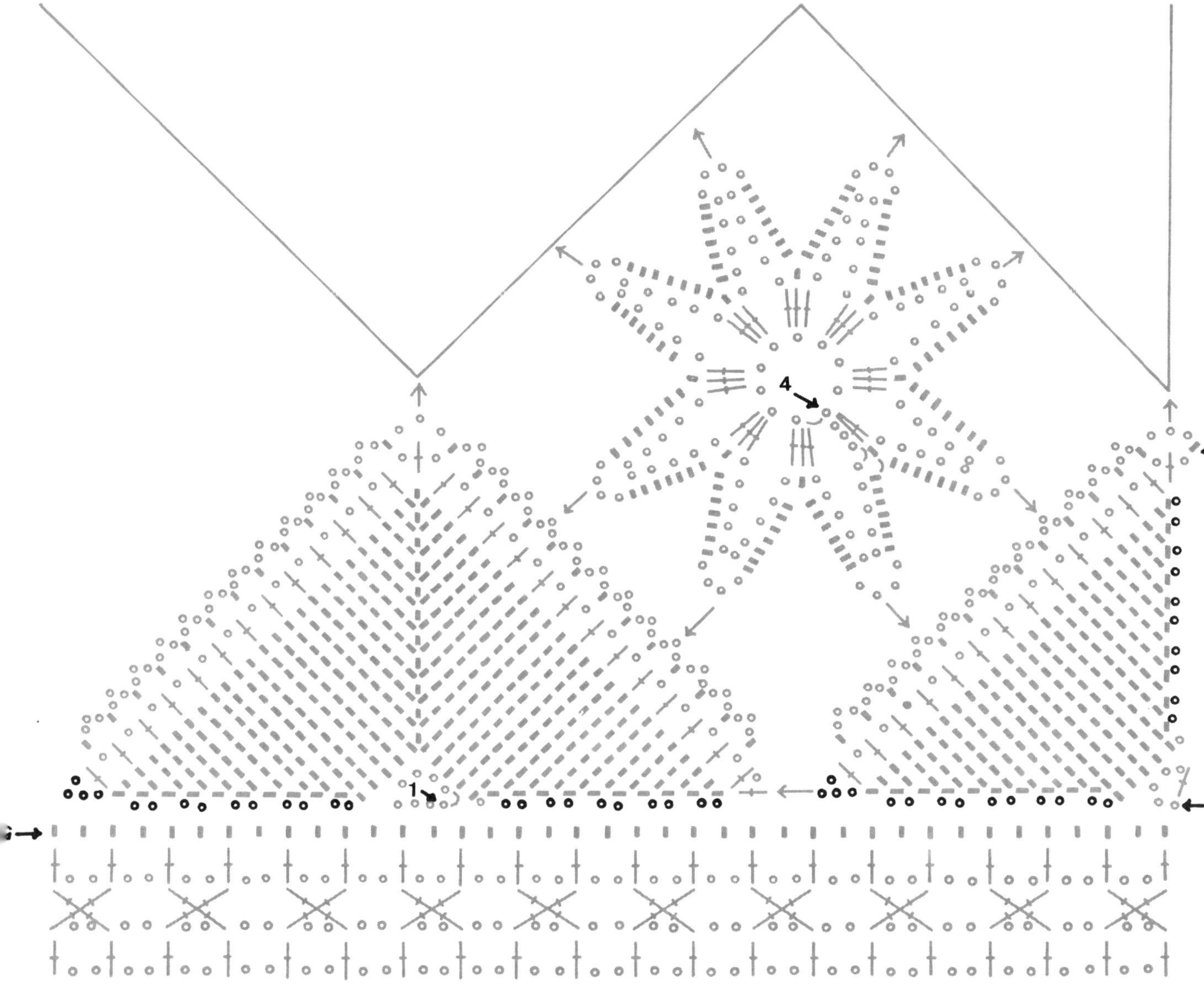

4
1

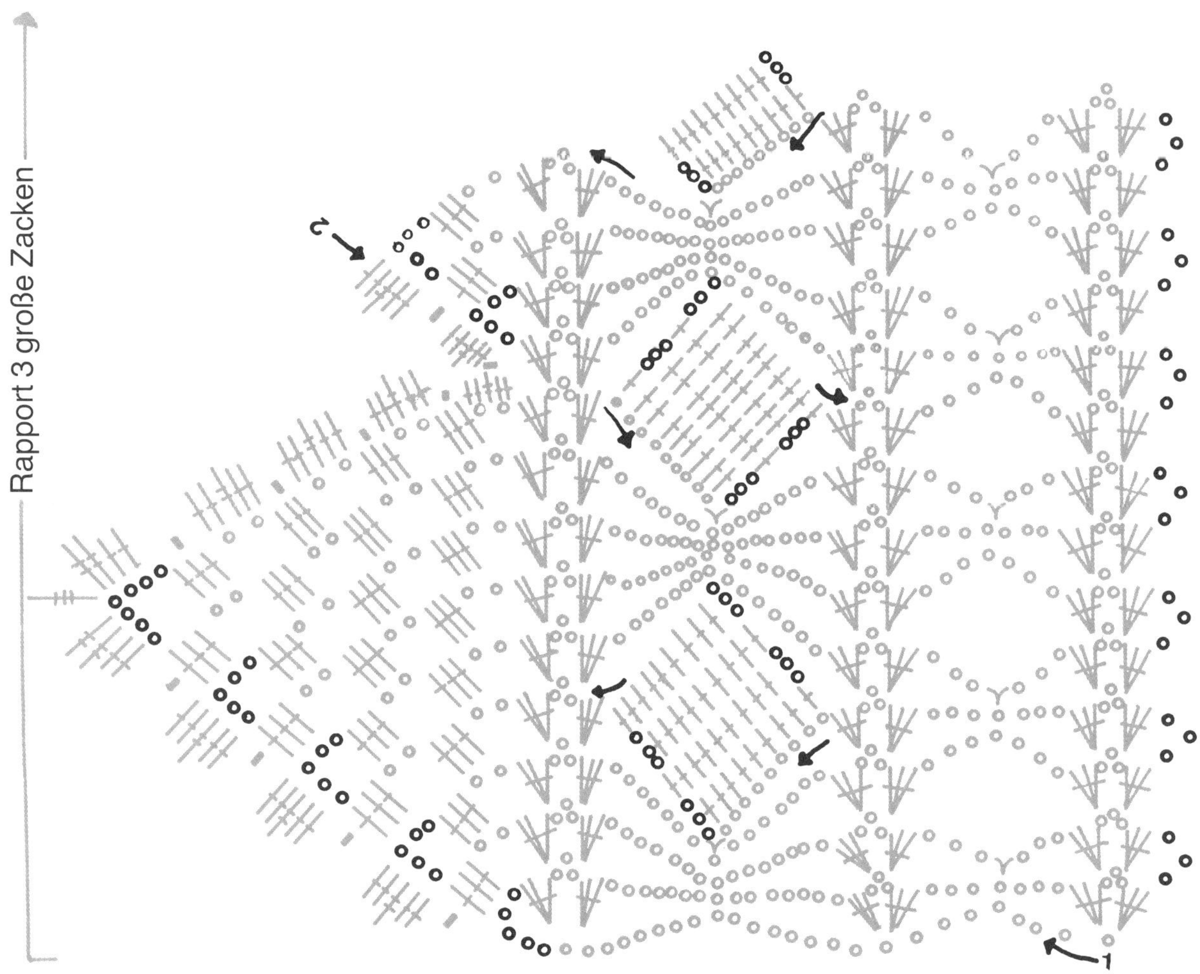

Y 1 feste Masche um alle Luftmaschenketten in die obere Ecke des vorhergehenden Stäbchenvierecks.

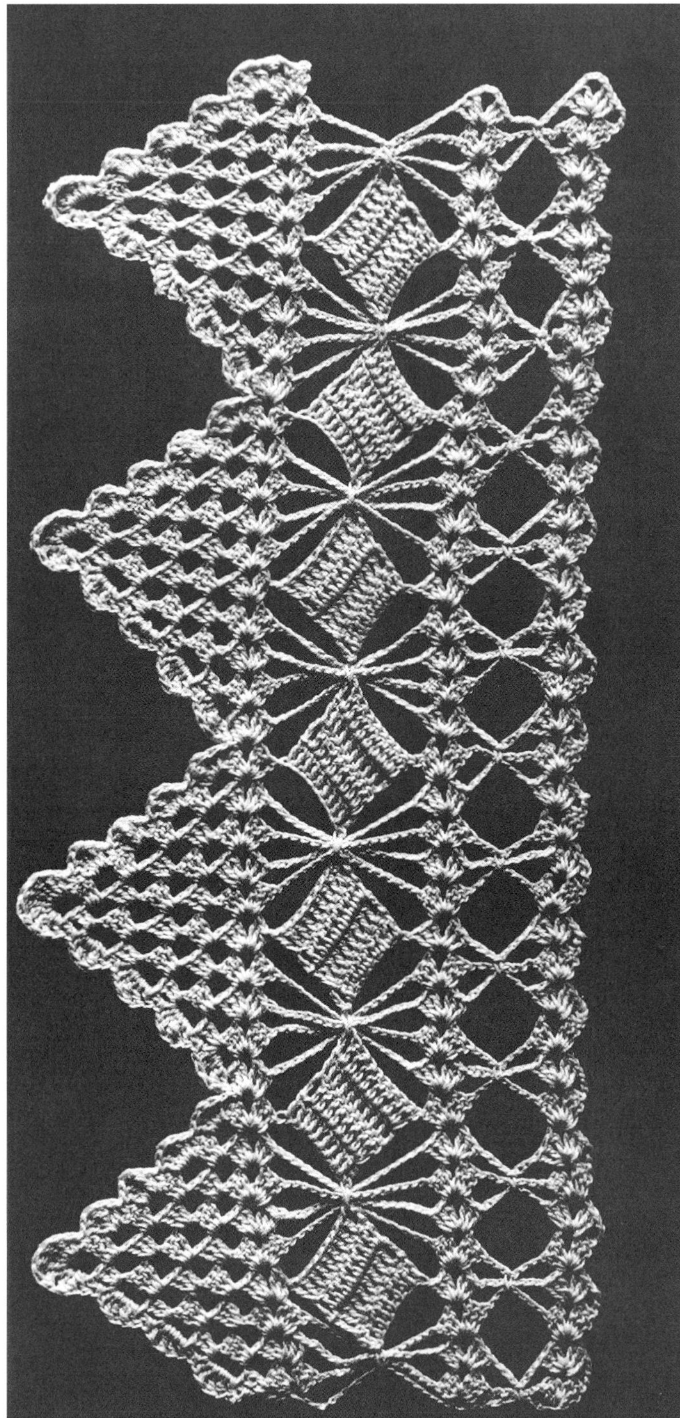

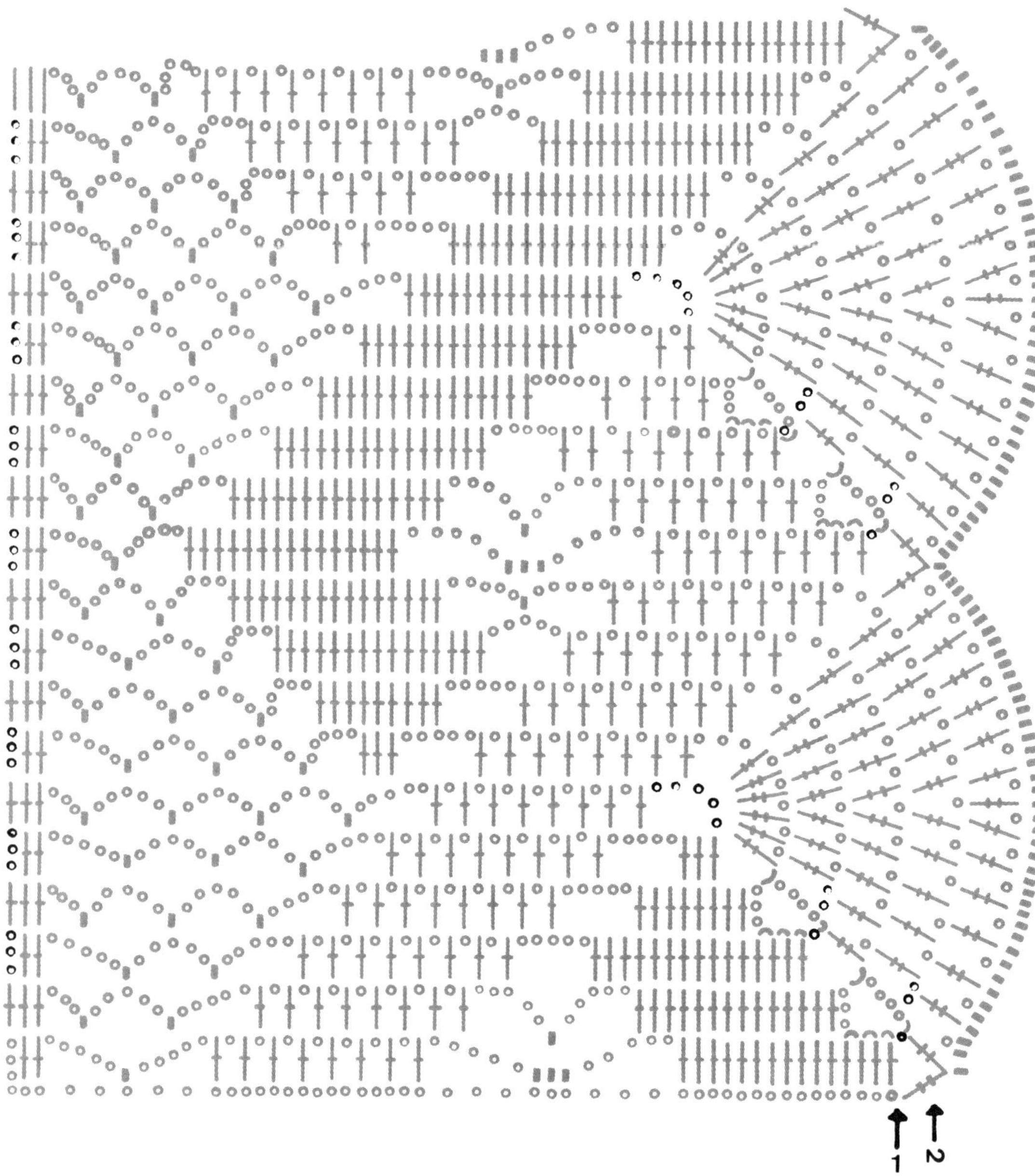
1
2

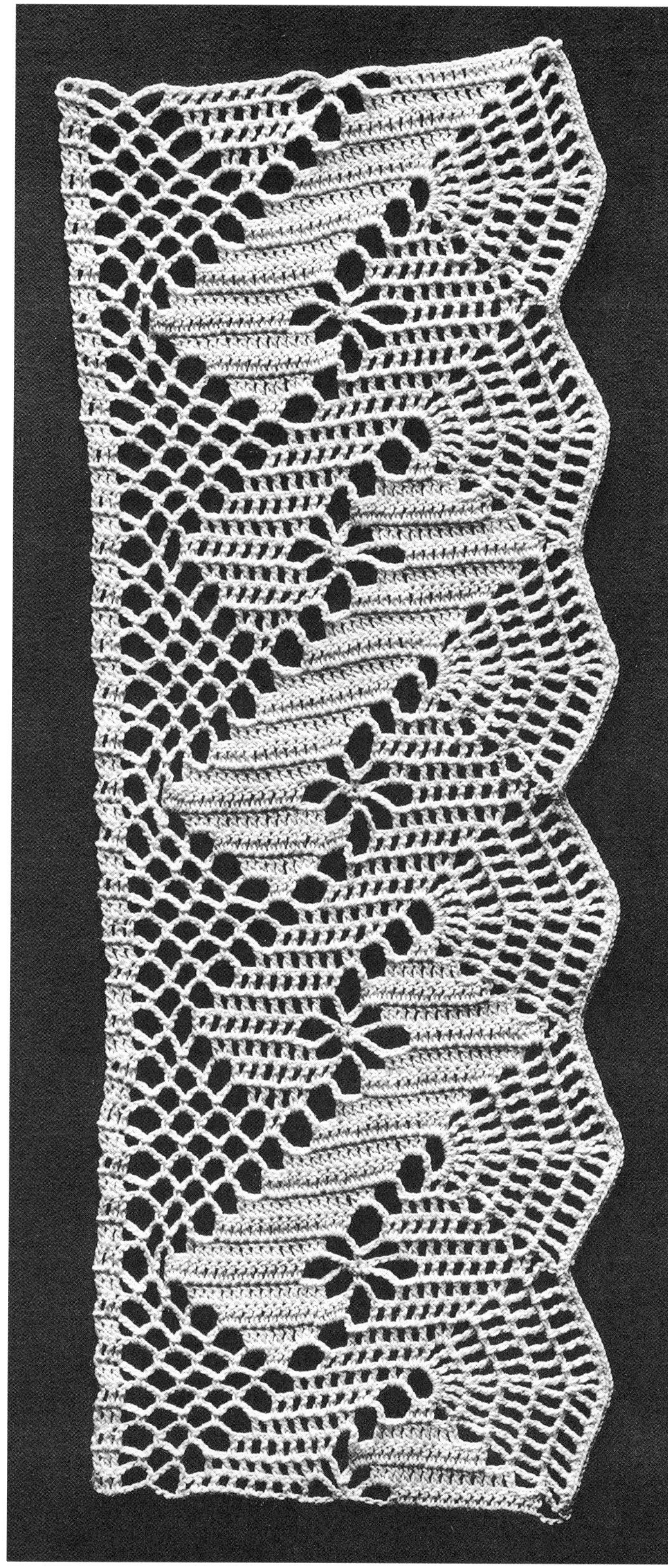

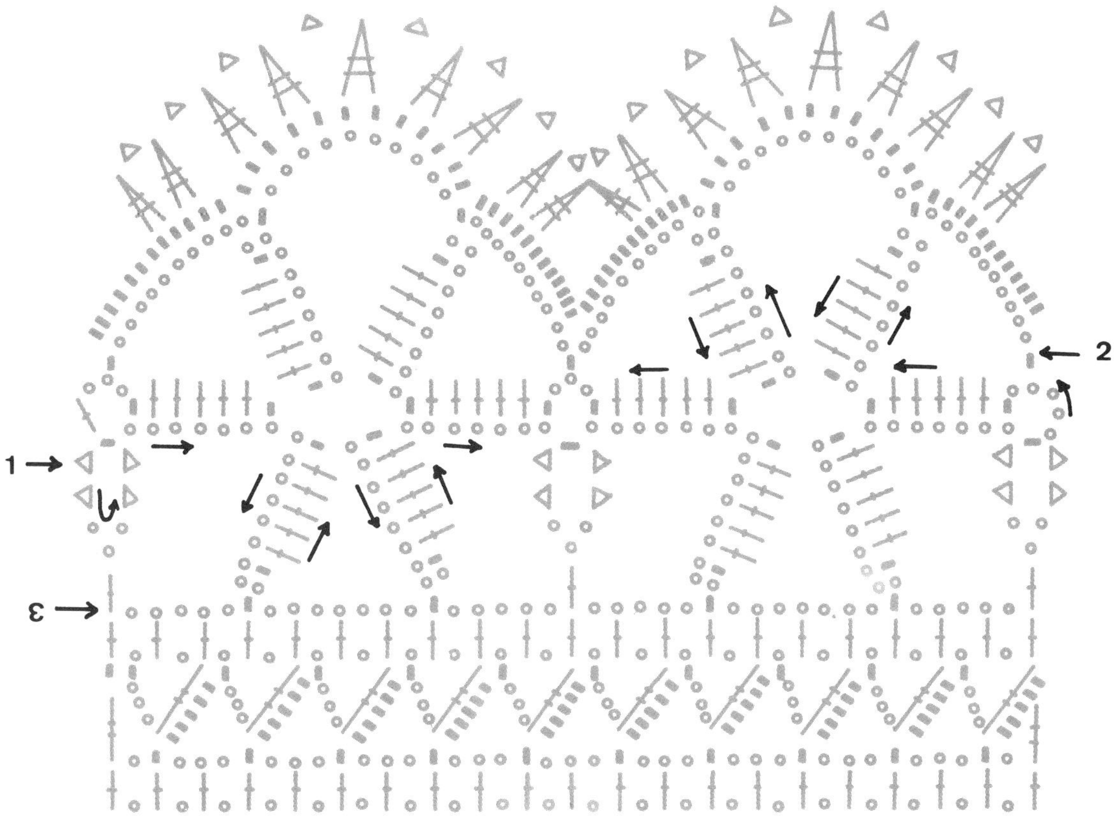

1
2
3

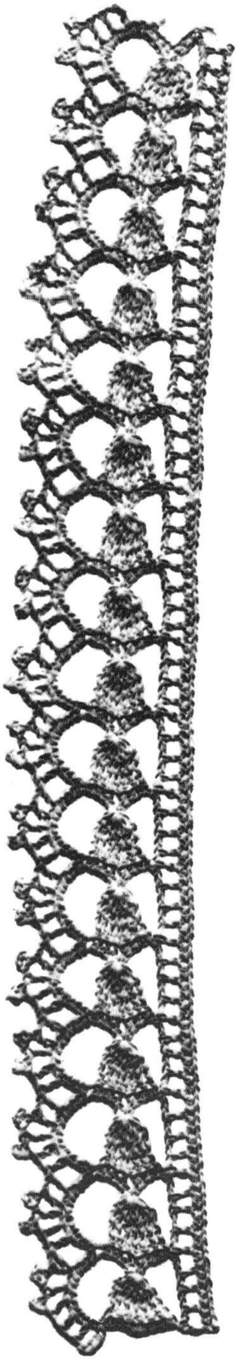

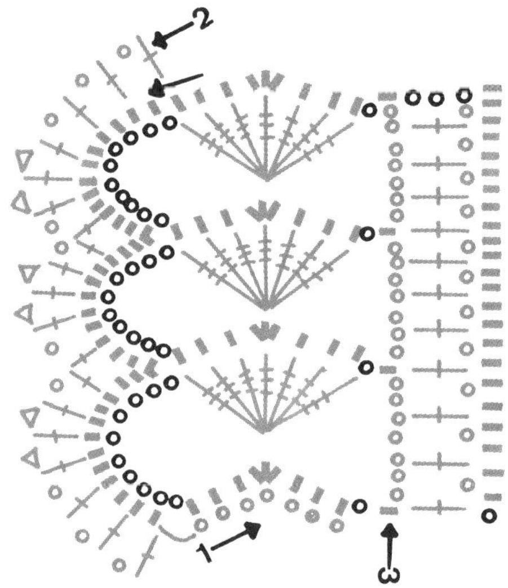

Die festen Maschen in das hintere Maschenglied der Dreifachstäbchen der Vorreihe häkeln.

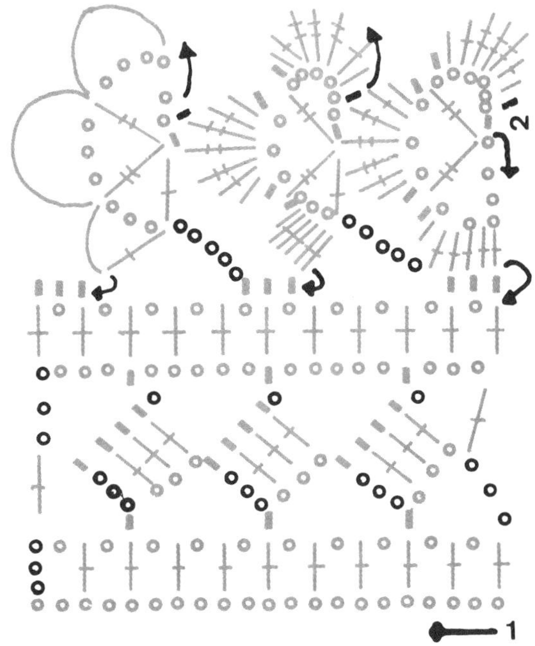
2
1

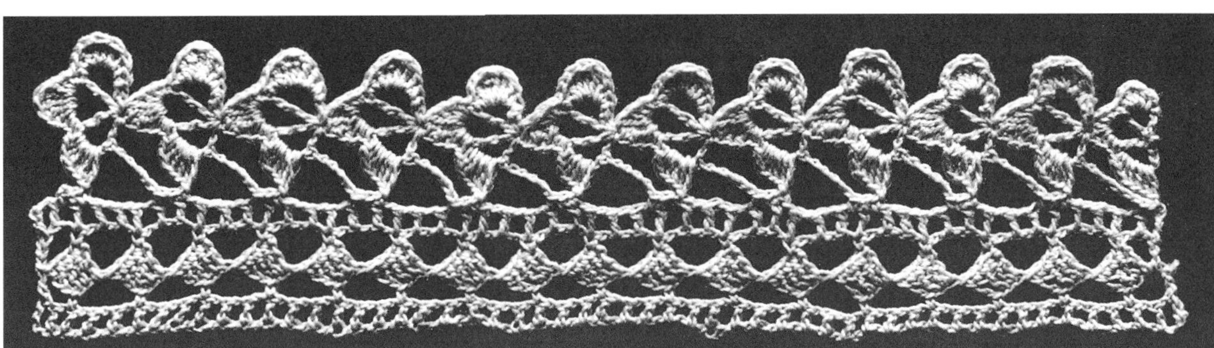

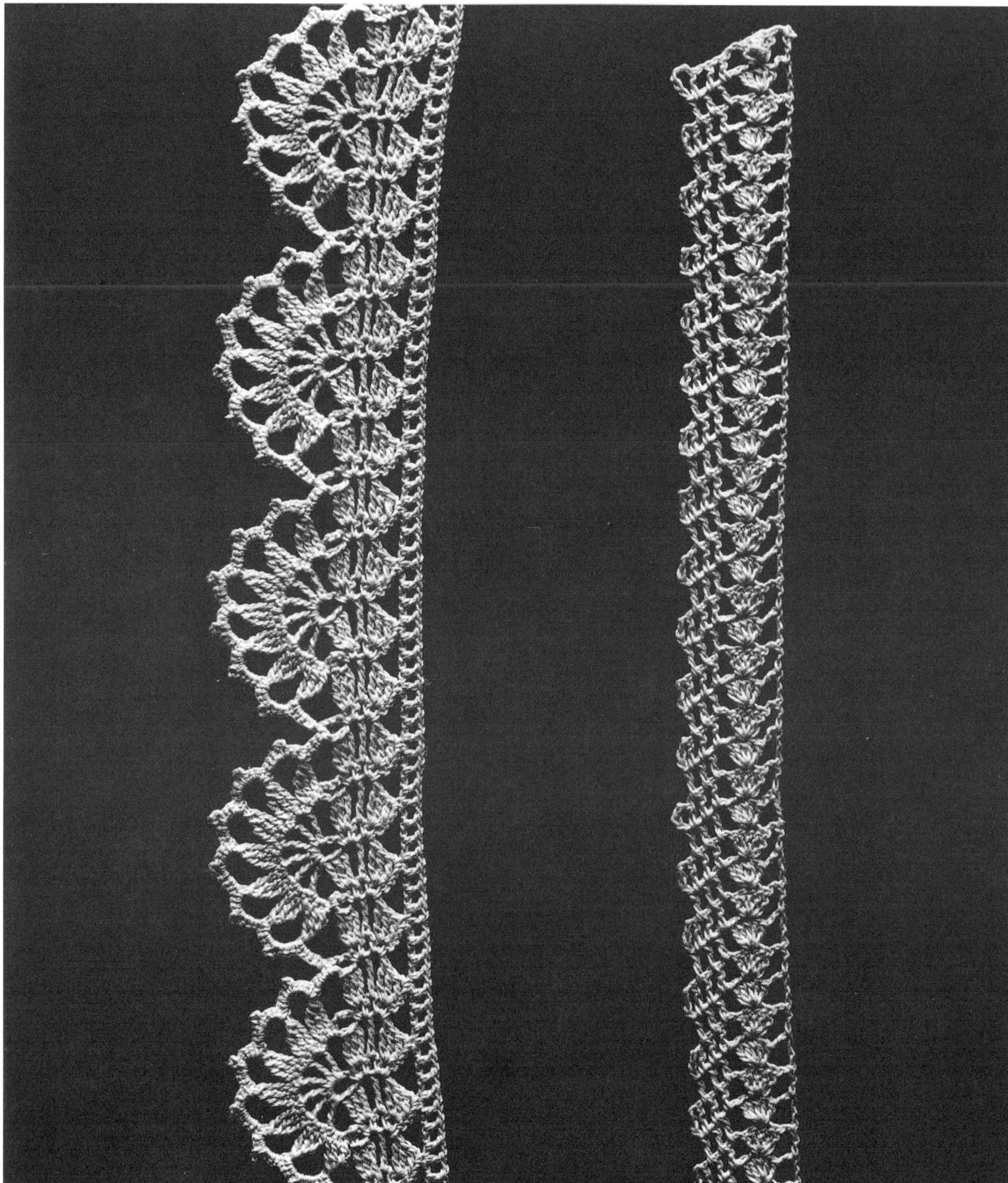

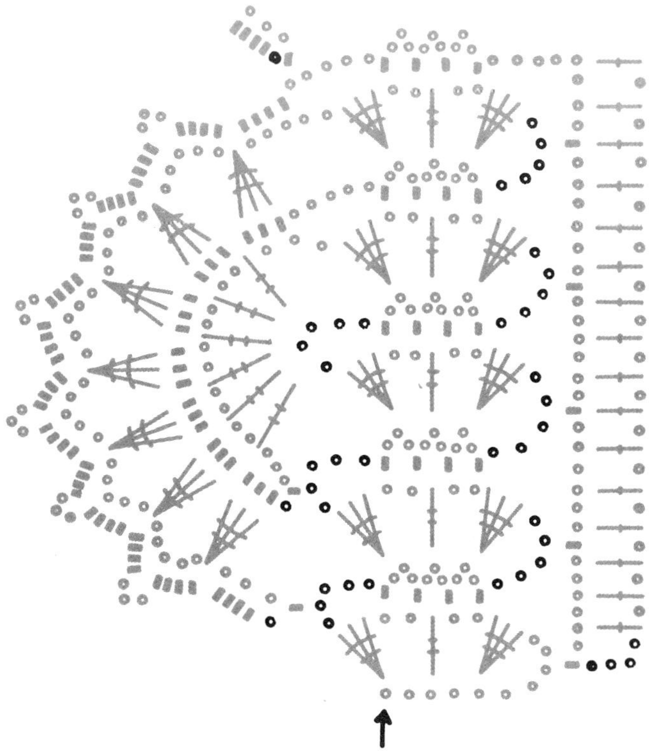

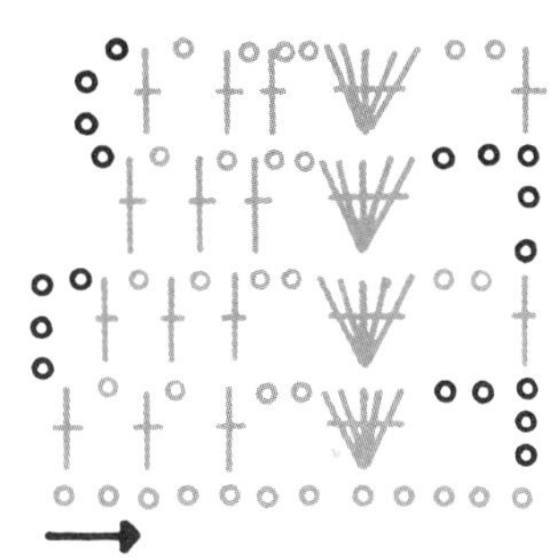

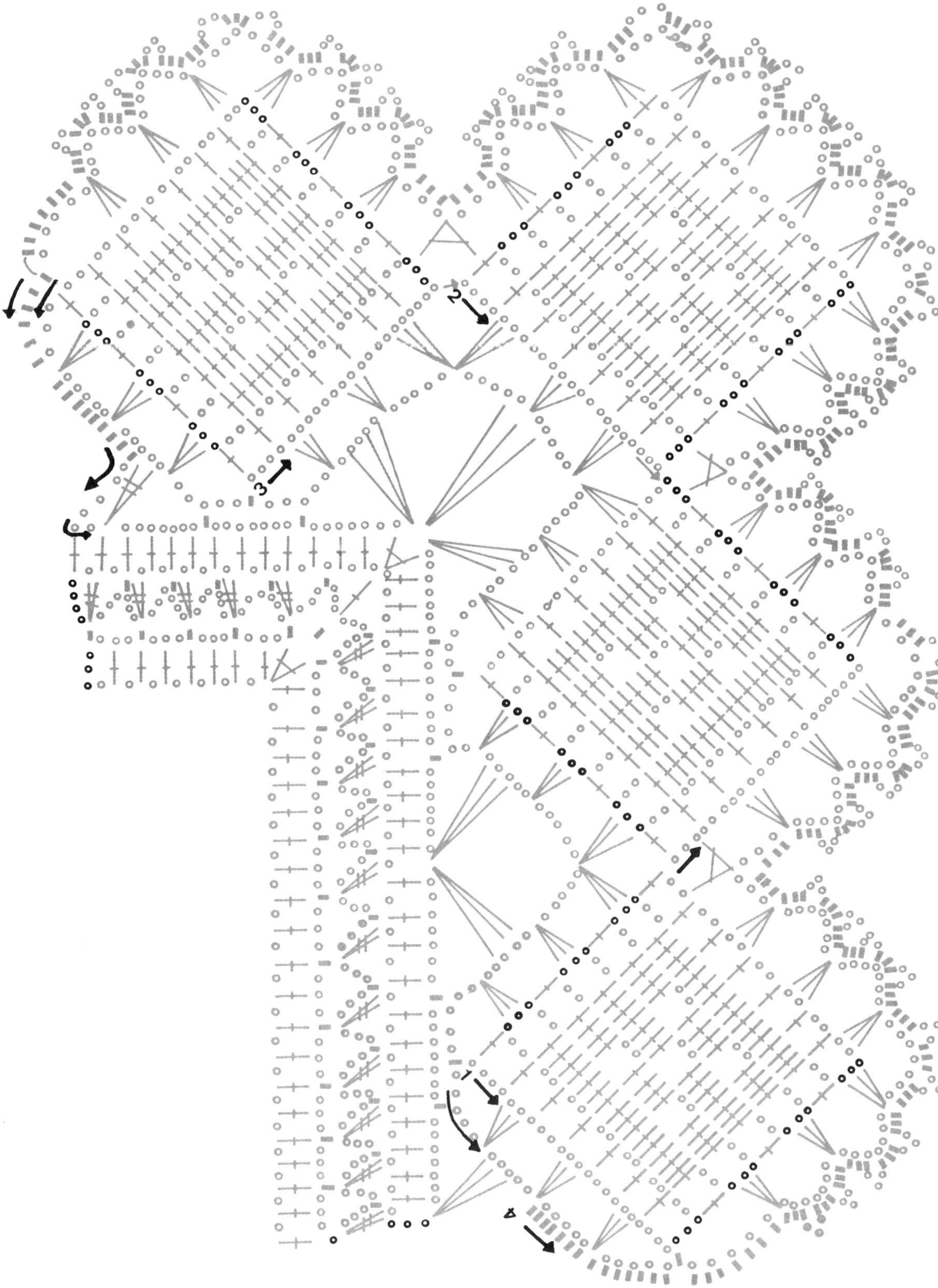
2
3
1
4

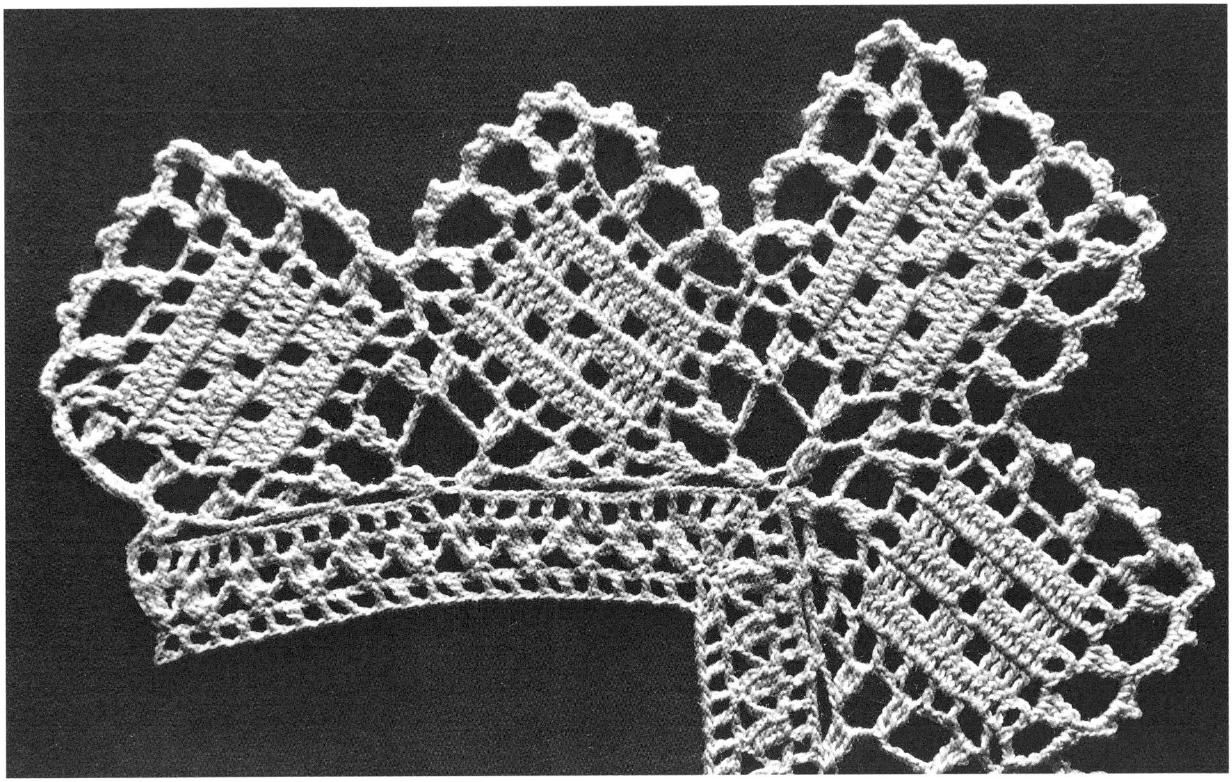

Grundkaros: Immer zwei im Zusammenhang häkeln, dann eine neue Luftmaschenkette beginnen und an die vorhergehenden Karos anschlingen.

Beim Umhäkeln der Karos können Sie ein Verdrehen vermeiden, wenn Sie darauf achten, daß alle Anfangs- und Endfäden auf der gleichen Seite liegen.

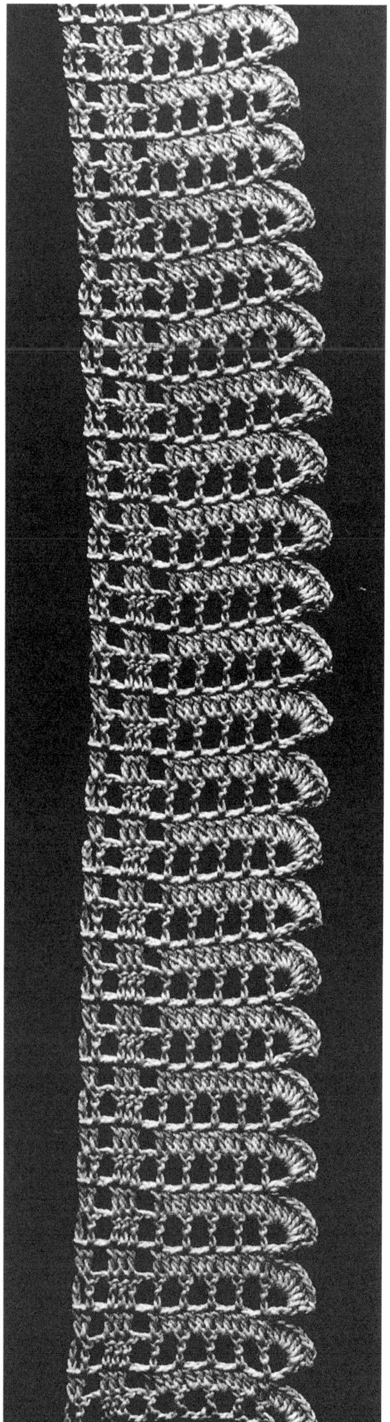

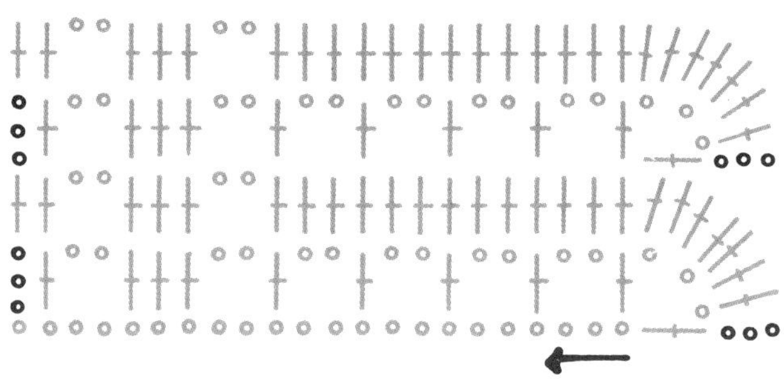

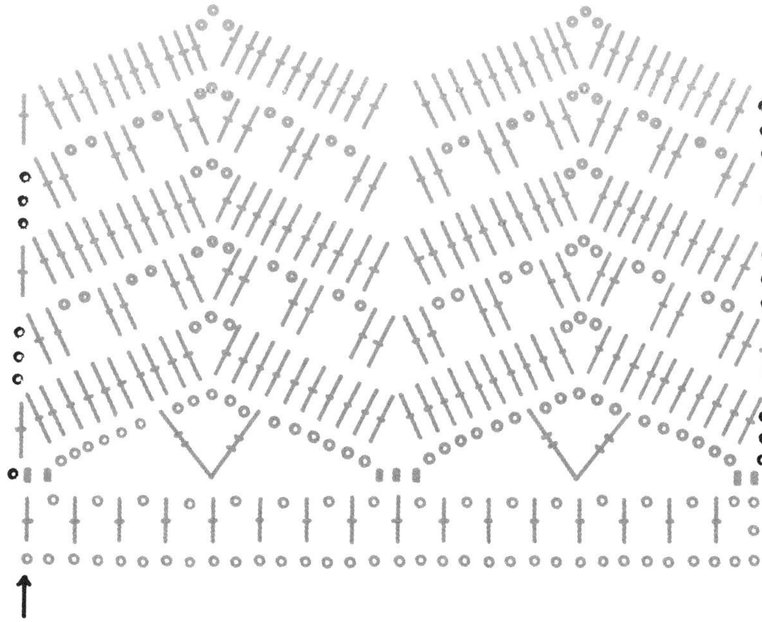

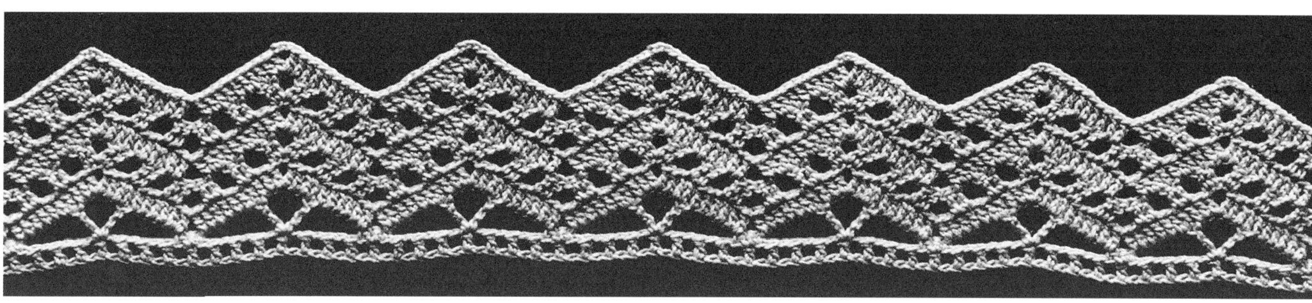

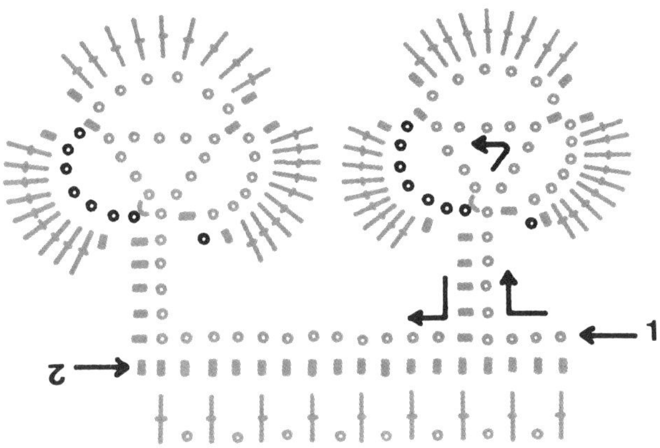

1
2

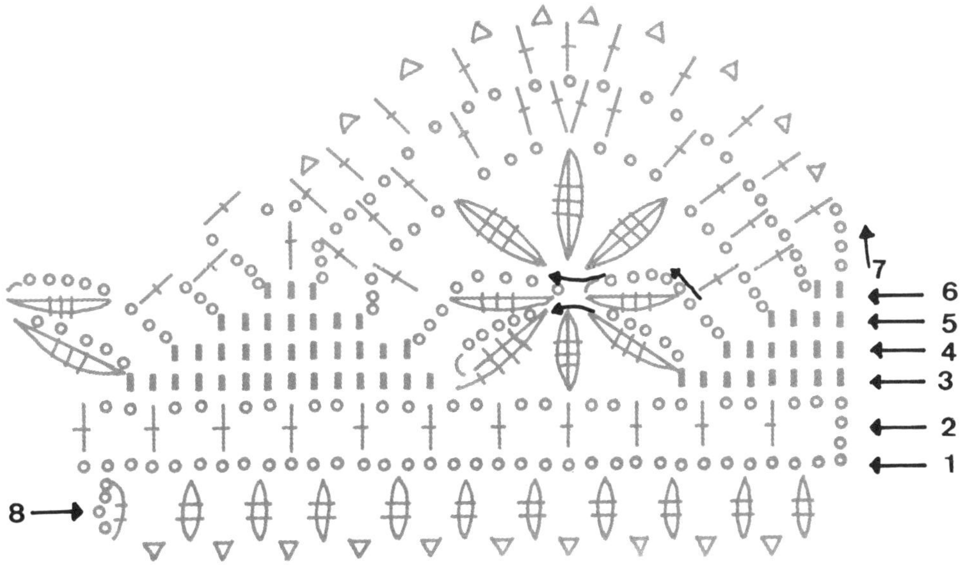

Die festen Maschen in das hintere Maschenglied der Vorreihe häkeln.

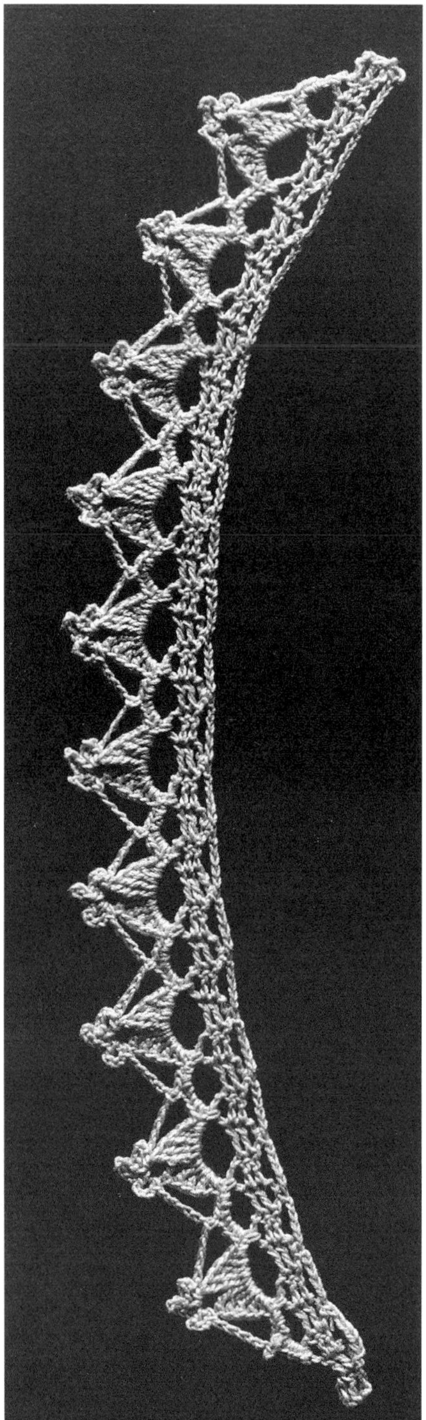

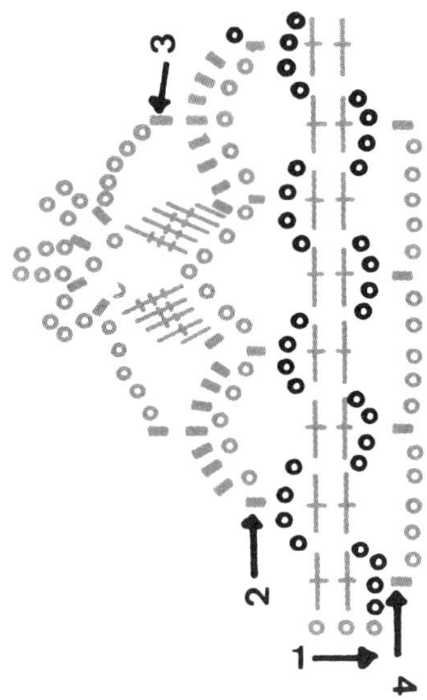

3
2
1
4

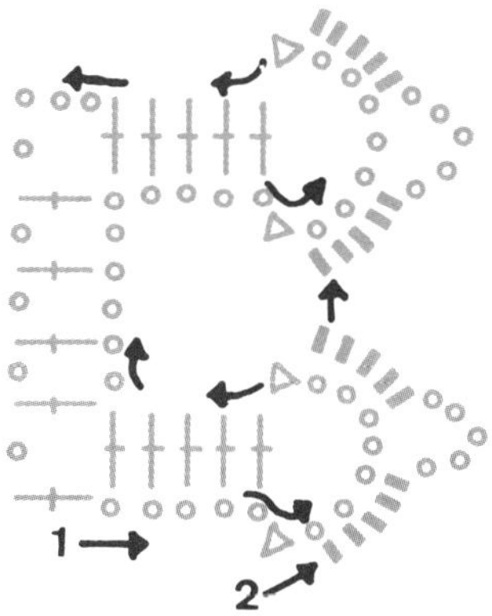

△ 5 Luftmaschen, 1 Kettmasche in die erste der fünf.

Die 4 Stäbchen in das erste Glied des Dreifachstäbchens häkeln.

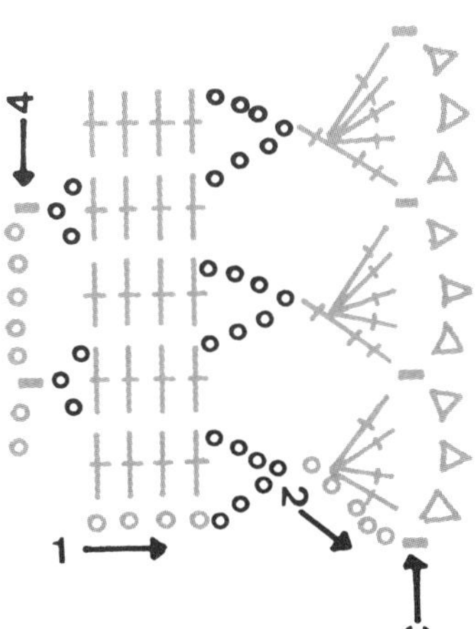

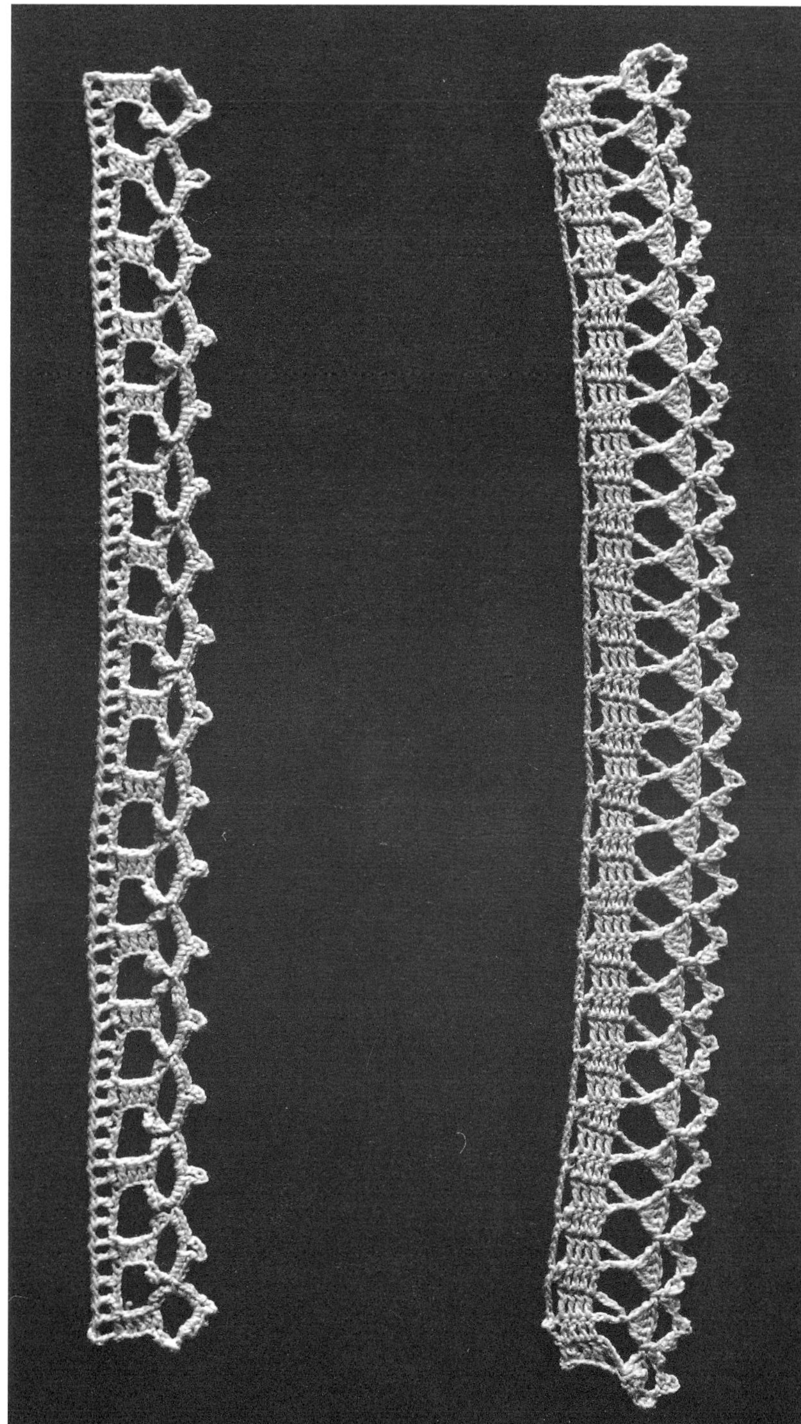

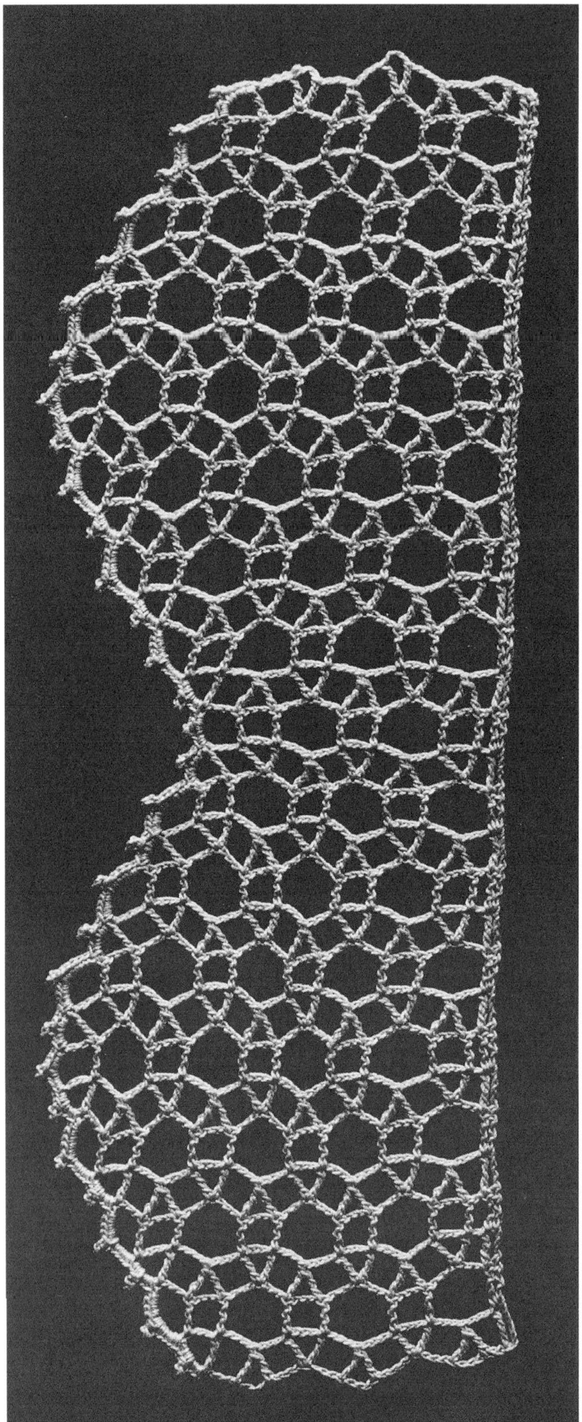

△3 Luftmaschen, 1 feste Masche in die 1. Luftmasche.

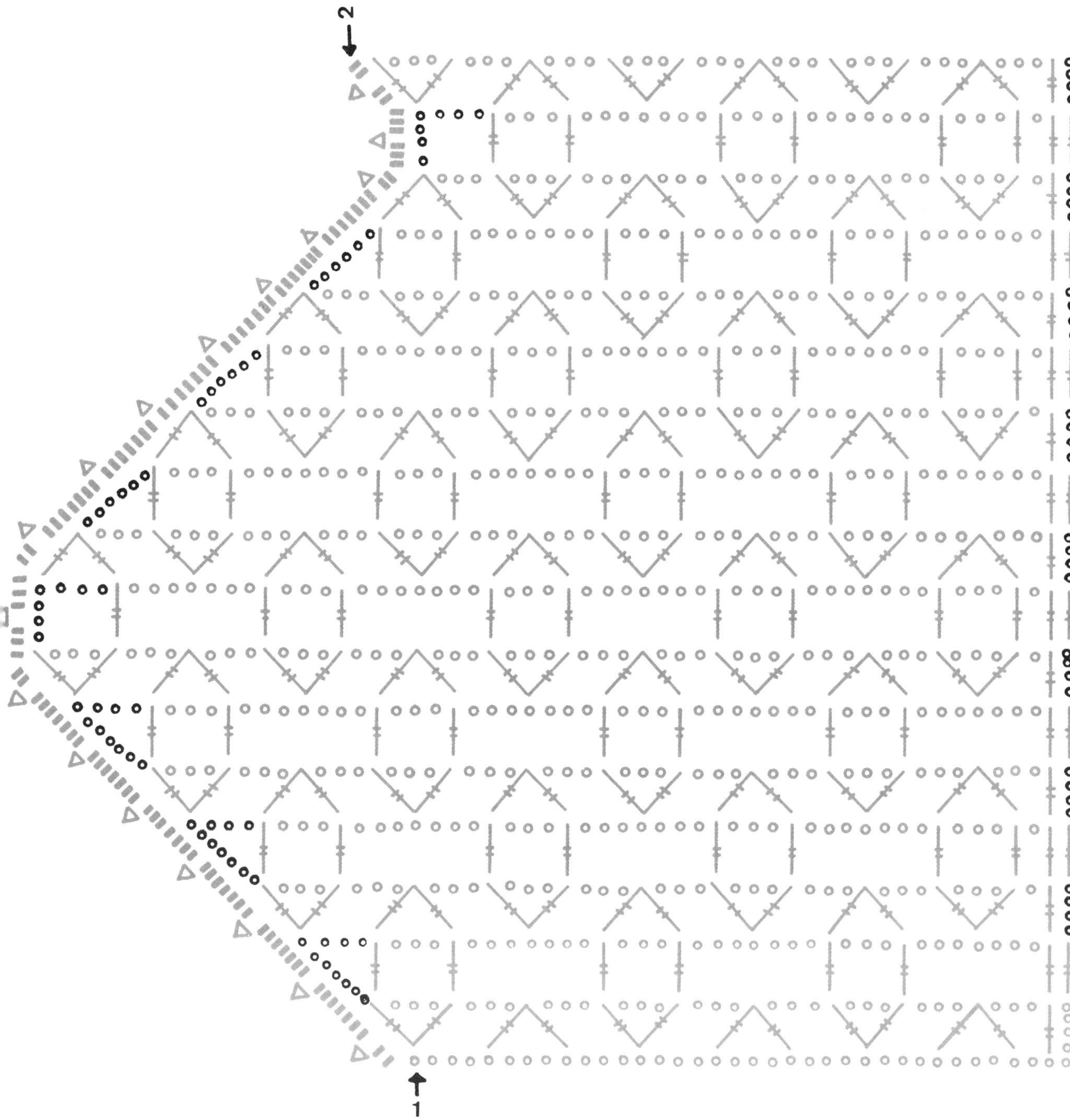
2
1

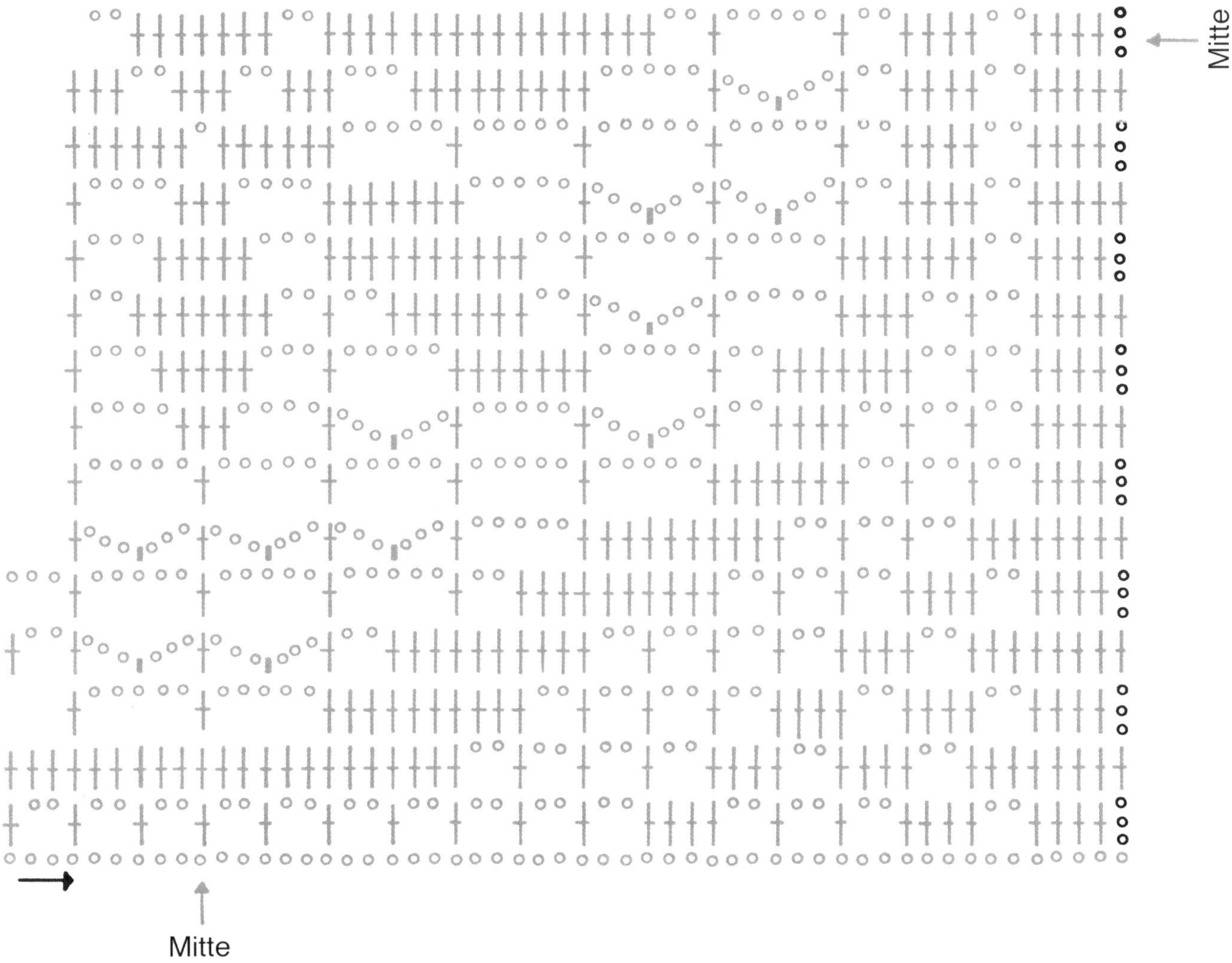
Mitte
Mitte

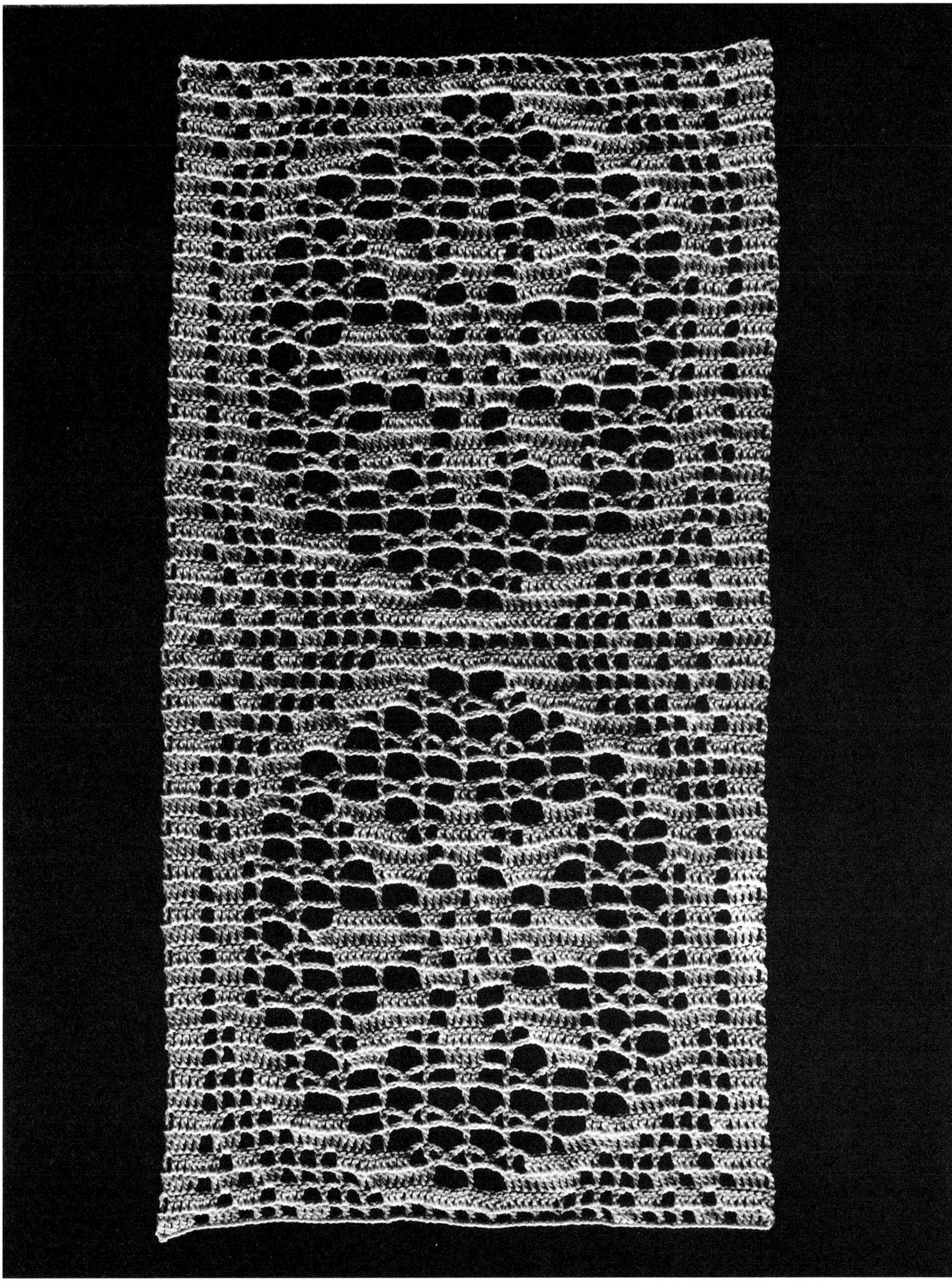

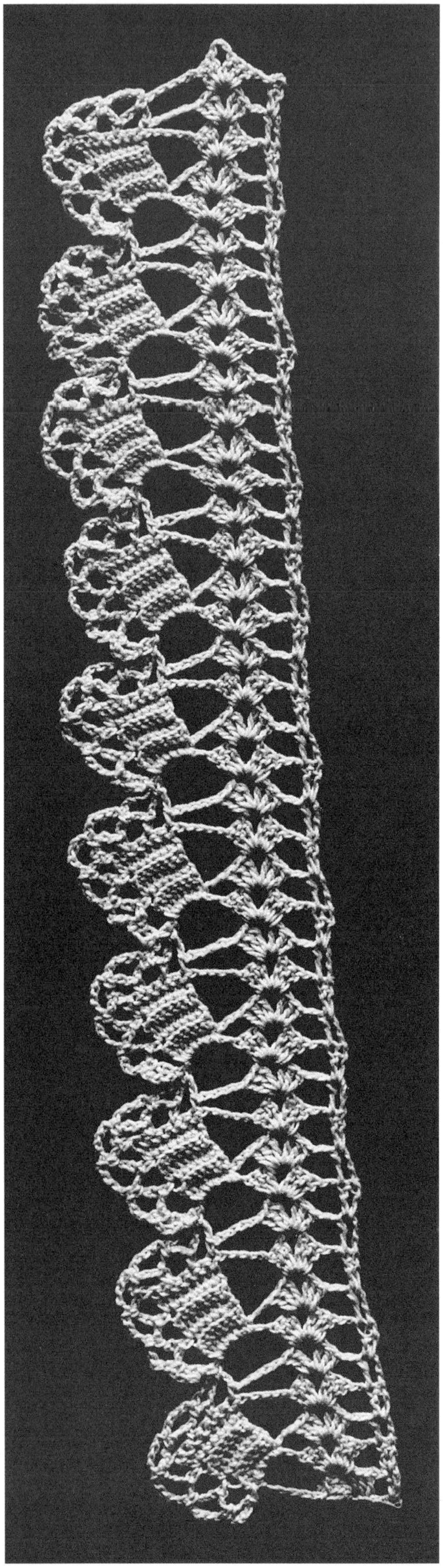

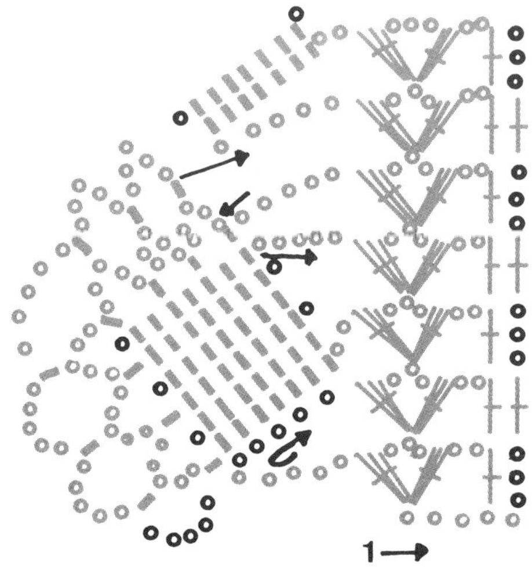
1

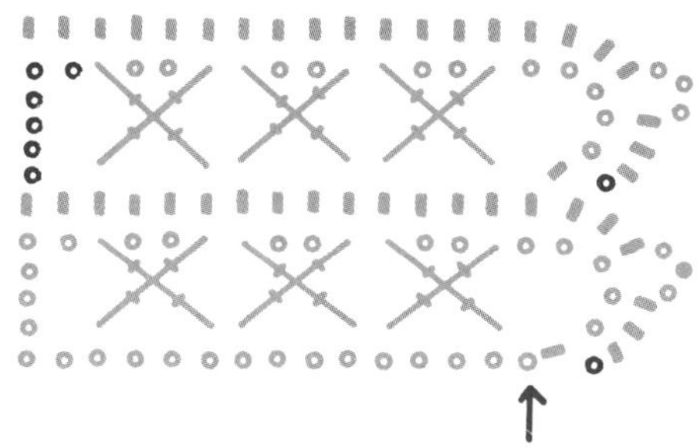
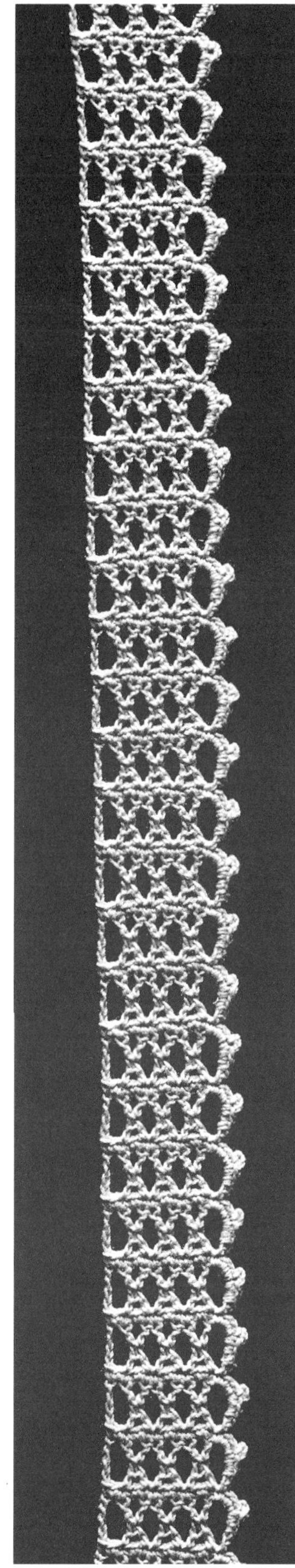

 ISBN 3-475-52644-1

Dieses Buch erscheint in der Reihe »Rosenheimer Raritäten«
im Rosenheimer Verlagshaus Alfred Förg GmbH & Co. KG, Rosenheim.
Die Muster fotografierte Foto Rammel, Rosenheim.
Die Lithographie besorgten Hochland-Repro GmbH, Rosenheim, und Repro Ludwig GmbH, Zell am See.
Das Buch wurde gedruckt und gebunden bei der Druckerei Ludwig Auer GmbH, Donauwörth.

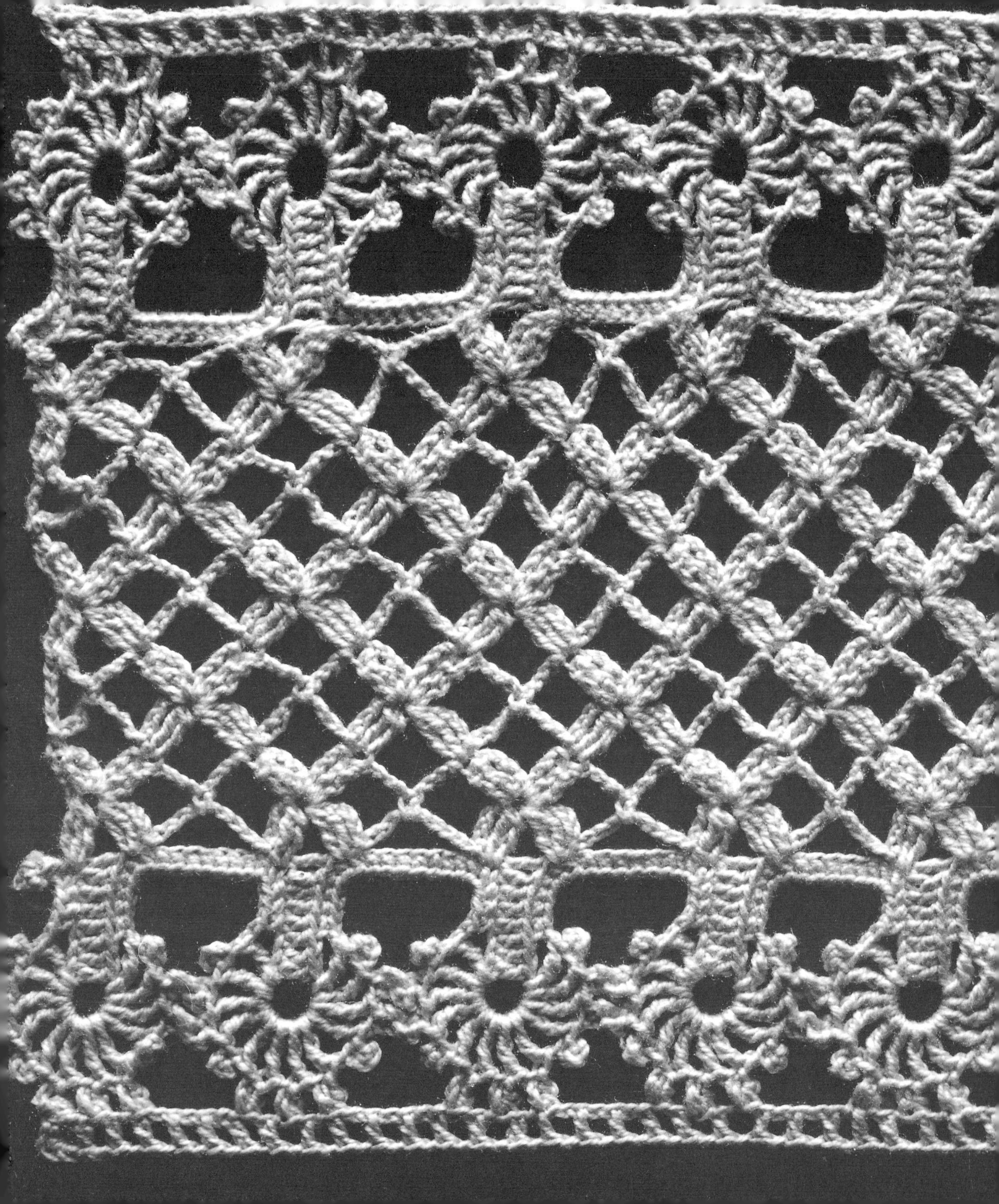